EXCELÊNCIA EM RECEPÇÃO DE HOTÉIS

MENU DE CONTEÚDOS

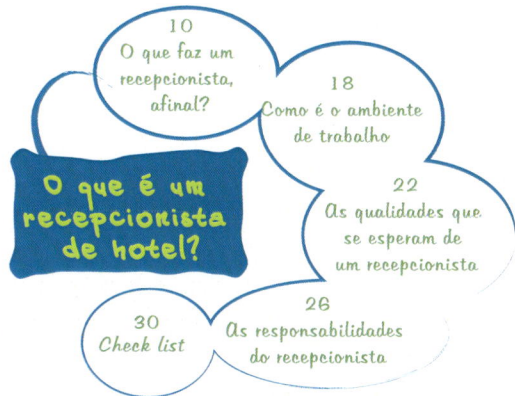

6 Check in

O que é um recepcionista de hotel?

- 10 — O que faz um recepcionista, afinal?
- 18 — Como é o ambiente de trabalho
- 22 — As qualidades que se esperam de um recepcionista
- 26 — As responsabilidades do recepcionista
- 30 — Check list

O hotel

- 34 — Como funciona?
- 36 — As funções e cargos
- 44 — Classificações e estilos de hotel
- 52 — A função do recepcionista dentro da estrutura do hotel
- 56 — Check list

O recepcionista

- 60 — Hotelaria e serviços
- 66 — O processo de hospedagem, passo a passo
- 72 — Check in
- 80 — Hospedagem
- 96 — Check out
- 100 — Contabilidade
- 101 — Como abrir uma conta?
- 102 — Fechamento de caixa
- 104 — Check list

EXCELÊNCIA EM RECEPÇÃO DE HOTÉIS

GUILHERME GUZELA

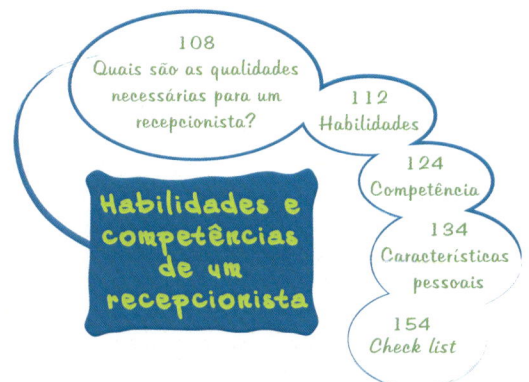

Habilidades e competências de um recepcionista

- 108 Quais são as qualidades necessárias para um recepcionista?
- 112 Habilidades
- 124 Competência
- 134 Características pessoais
- 154 Check list

O mercado de trabalho

- 158 A situação atual do mercado
- 160 Possibilidades de crescimento
- 162 Hierarquia
- 166 Motivação
- 167 Networking
- 168 Check list

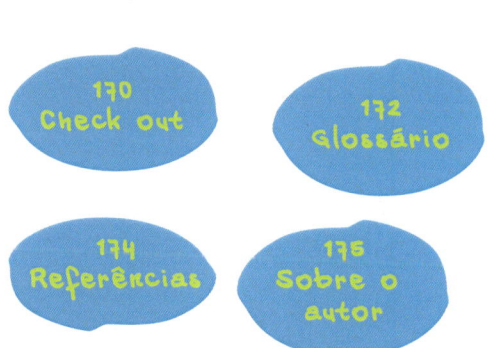

- 170 Check out
- 172 Glossário
- 174 Referências
- 175 Sobre o autor

CHECK IN

Servir é a palavra principal para quem trabalha com hotelaria. Receber bem o hóspede, tratar a todos com cortesia, estar disposto a resolver determinados problemas o mais rápido possível, ser flexível e estar sempre sorrindo são algumas das diversas tarefas diárias de quem trabalha em hotéis. Independentemente de qual seja a função exercida, esses pontos são cruciais para que possamos ter sucesso em um hotel.

O hóspede pode escolher determinado hotel pela infraestrutura oferecida, por mera necessidade ou até mesmo pela marca que o estabelecimento carrega. No entanto, é a qualidade dos serviços oferecidos que irá determinar se ele voltará mais vezes ou se não retornará nunca mais. Para trabalhar em um hotel, o recepcionista deve ter consciência disso, já que é ele o responsável por impressionar e cativar o cliente já "de primeira".

O objetivo deste livro é, portanto, preparar o profissional que pretende trabalhar como recepcionista de hotéis. Essa capacitação é bastante importante, pois os grandes eventos, nacionais e internacionais, que ocorrem em nosso país geram uma procura por pessoas capazes de trabalhar dentro de estabelecimentos que prestam serviços para turistas.

Dessa forma, as principais características que devem ser aprimoradas pelo recepcionista de hotel são a **cordialidade** e a **vontade de servir**. Além de tratar dessas questões, este livro deixará você por dentro da estrutura de funcionamento de um hotel. Assim, ao final da leitura você se sentirá mais familiarizado com o trabalho de um recepcionista, e também saberá que responsabilidades irá encontrar no mercado de trabalho.

O QUE É UM RECEPCIONISTA DE HOTEL?

Quando buscamos **informações** sobre uma profissão que desejamos desempenhar, a primeira pergunta que fazemos é *o que faz tal ocupação?* Em seguida, questionamos quais são as suas responsabilidades, o que devemos aprender para que possamos exercer essa ocupação e quais são as **competências** e **habilidades** que precisamos ter para nos encaixarmos no mercado de trabalho.

Assim, neste capítulo você irá conhecer as **características básicas** da função de um RECEPCIONISTA DE HOTEL. Entre elas, estão as atividades que esse profissional desenvolve normalmente e as qualidades que ele precisa ter.

Vamos ver se você se identifica com essa profissão?

O QUE FAZ UM RECEPCIONISTA, AFINAL?

Preste atenção!

A parte mais importante de uma profissão são as atividades que desenvolvemos todos os dias, ou seja, que se **repetem**. Dessa maneira, para que não ocorra nenhum erro durante o processo de trabalho, essas atividades devem ser feitas com **qualidade**.

Imagine-se como um recepcionista. O seu ambiente de trabalho é o *front desk*, ou seja, a recepção do hotel. Normalmente, ela fica no saguão de entrada do estabelecimento, logo no andar térreo, e é composta, na maioria das vezes, por uma **bancada comprida** e diversos **terminais de computador**.

Dependendo do nível do hotel em questão, a recepção pode ter ou não **poltronas** para os hóspedes que chegam e partem, bem como **cadeiras** para os recepcionistas. Via de regra, os hotéis de categoria mais elevada colocam esses assentos para melhorar o atendimento e o conforto do hóspede, bem como para proporcionar um atendimento "olho no olho" com o cliente.

Atrás da recepção, o profissional conta com toda uma **estrutura** para fazer com que o atendimento seja **ágil**, passando segurança e confiança para o cliente. Para isso, há um arsenal de papéis e procedimentos que dependem de cada hotel, mas que seguem uma mesma linha em qualquer parte do mundo. Diante disso, é importante deixar claro que os **formulários de hospedagem**, a **ficha do hóspede** e determinadas **solicitações**, entre outros, ainda são feitos em papel. Porém, esses procedimentos têm sido substituídos cada vez mais pelo **computador** e pelos **sistemas de informatização** dos estabelecimentos.

Também é importante dizer que solicitações especiais, sinalizações de clientes diferenciados e determinadas situações envolvendo o funcionamento do hotel são, geralmente, registradas em um **livro ata**. Nesse documento, que deve ser acessado por todos os funcionários da recepção, são registrados, portanto, os **processos** que acontecem nesse local.

A estrutura da recepção

Nos hotéis mais antigos, a recepção conta com um escaninho ou com um armário onde as chaves são colocadas, além de um espaço para serem guardadas as possíveis correspondências dos hóspedes. Nos hotéis mais modernos, esses recursos têm sido substituídos por **sistemas de abertura de portas via cartão**, que são cadastrados na entrada do hóspede e zerados quando este sai do hotel. Esses sistemas são **interligados** com o de iluminação do quarto e, depois de aberto o apartamento, a chave em forma de cartão é utilizada para liberar o acesso à luz e a outros equipamentos elétricos do local. Sem a presença do cartão, as luzes se apagam após alguns minutos. Isso colabora para a economia de eletricidade, pois, além de as luzes ficarem apagadas, o ar condicionado, a TV e as tomadas também ficam sem alimentação de energia elétrica.

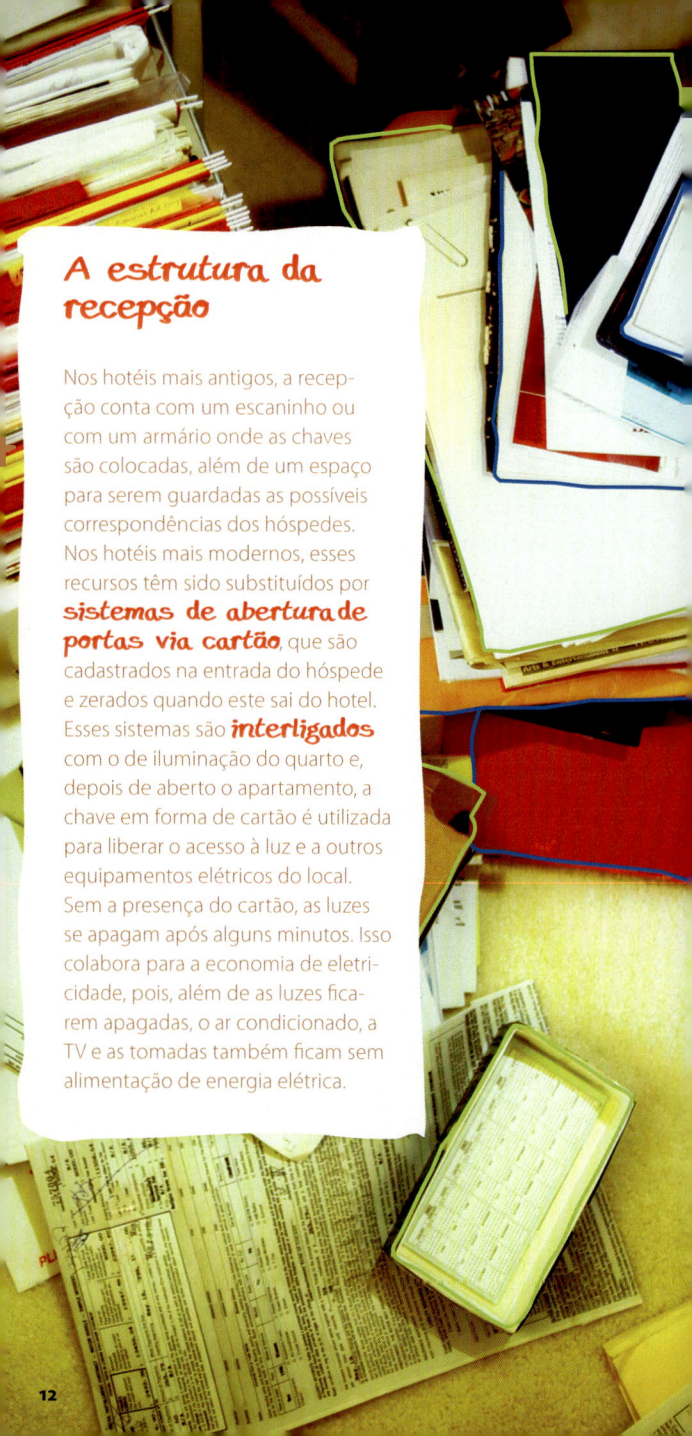

Em um hotel de categoria **econômica**, é comum vermos os hóspedes sendo atendidos **em pé**, em balcões altos, sendo que os recepcionistas também ficam em pé. Essa forma de atendimento é mais **ágil**, fazendo com que o hóspede perca menos tempo e seja encaminhado rapidamente para o seu quarto.

Além disso, os espaços contam cada vez mais com **mecanismos informatizados**. No entanto, esses recursos são posicionados de maneira que o cliente não perceba que, entre ele e o recepcionista, existe uma máquina. Para "enganar" o hóspede, os hotéis costumam colocar o monitor do computador em um nível mais baixo, deixando-o fora do campo de visão do cliente. Isso faz com que o contato visual entre o hóspede e o funcionário seja maior, o que gera **credibilidade** para o hotel.

Assim como todos os setores do hotel, a recepção funciona **24h** por dia, sendo que há **3 turnos** de trabalho. Para os funcionários que começam a trabalhar no estabelecimento pela **manhã**, o expediente, geralmente, começa às **07h** e termina às **15h**. Para os que entram durante a tarde, ele vai das **15h** às **23h**. Já para os que trabalham à noite, o turno começa às **23h** e termina às **07h**. Dessa maneira, a recepção do hotel não corre o risco de ficar abandonada.

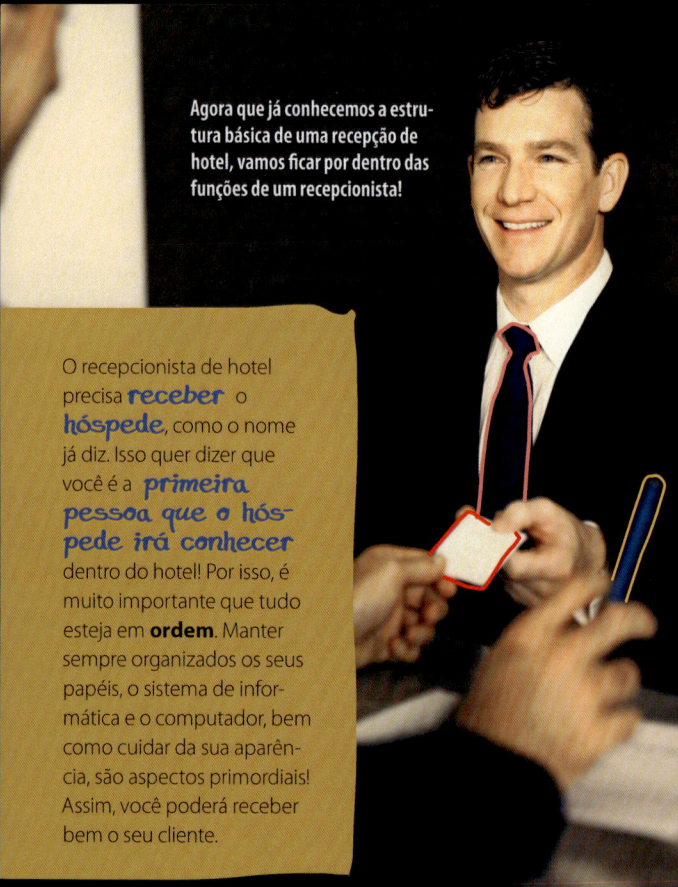

Agora que já conhecemos a estrutura básica de uma recepção de hotel, vamos ficar por dentro das funções de um recepcionista!

O recepcionista de hotel precisa *receber* o *hóspede*, como o nome já diz. Isso quer dizer que você é a *primeira pessoa que o hóspede irá conhecer* dentro do hotel! Por isso, é muito importante que tudo esteja em **ordem**. Manter sempre organizados os seus papéis, o sistema de informática e o computador, bem como cuidar da sua aparência, são aspectos primordiais! Assim, você poderá receber bem o seu cliente.

Além de recepcionar o hóspede, você deve passar a ele todas as informações que ele solicitar, como a tarifa do hotel, os tipos de acomodação disponíveis e seus respectivos valores, as restrições do local – como a permissão para fumar ou não, para abrigar animais, o horário para visitantes, a quantidade de pessoas permitida por quarto etc. – e os itens inclusos na diária, como o café da manhã, entre outros. Você, como recepcionista, também precisa **esclarecer** o cliente sobre os itens que são cobranças à parte, como estacionamento, outras refeições, a utilização de computadores do hotel, do telefone, do bagageiro, do cofre etc.

Depois que você passar todas essas informações ao hóspede, ocorre o *check in*, que é o procedimento de entrada no hotel e envolve o preenchimento da ficha de cadastro do cliente e seu encaminhamento ao quarto. Assim, **registrar os dados** no computador e **cuidar** para que os mesmos estejam **corretos** é de fundamental importância para o controle do hotel.

Dependendo do estabelecimento, pode ser que o recepcionista tenha que levar o cliente ao quarto. Essa tarefa também pode ser feita por um *concierge* ou por um **mensageiro**, que ajuda o hóspede a levar as bagagens. Dessa forma, o recepcionista deve conhecer não só os apartamentos que vende, mas todo o hotel, seus funcionários e os serviços oferecidos.

Você pode ter achado estranho a utilização da palavra *vender*, mas essa também é uma das funções do recepcionista!

Lembre-se:

O cliente entrou em contato com você antes de ter falado com qualquer outra pessoa. Ele **confia** em você e espera que tudo que lhe diga seja **verdade**. Não traia a confiança do seu cliente! Conquiste-a ainda mais!

Você sabia que os hotéis começaram como simples HOSPEDARIAS? Eram casas grandes, que serviam de acomodação para VIAJANTES CANSADOS. Os donos dessas casas ofereciam HOSPEDAGEM em troca de MERCADORIAS.

Nesse contexto, *vender* significa falar a verdade para o cliente e mostrar as qualidades do hotel. Por isso, não é justo prometer o que não se pode cumprir, pois isso pode causar uma **péssima impressão**, fazendo com que o cliente não volte para o hotel nunca mais.

Além disso, você precisa ter consciência de que o recepcionista é um **intermediário** entre o **cliente** e o **hotel**, e, por isso, ele não pode tomar partido de nenhum dos dois. O que esse profissional deve fazer é "casar" os interesses de ambos para que todos saiam felizes. Você é muito importante no processo de construção da imagem do hotel na mente do cliente!

COMO É O AMBIENTE DE TRABALHO?

Outro aspecto importante é o **ambiente de trabalho** do recepcionista. Vale ressaltar que ele não se restringe apenas à recepção em si, mas engloba também outros locais.

Vamos começar com a **recepção**, que, normalmente, possui um **balcão**. Em cima desse balcão – que pode ser alto ou baixo, dependendo do estilo do hotel –, ficam os computadores e os equipamentos de apoio ao recepcionista. Atrás dele, são guardados, normalmente, os **utensílios** e **equipamentos** que dão suporte ao recepcionista, fazendo com que ele consiga trabalhar e desempenhar a sua função de maneira adequada. Entre esses utensílios, podemos citar: impressoras, máquinas de fax, materiais de papelaria e escritório, blocos de notas, registros, a impressora fiscal, o livro ata, o quadro de chaves etc.

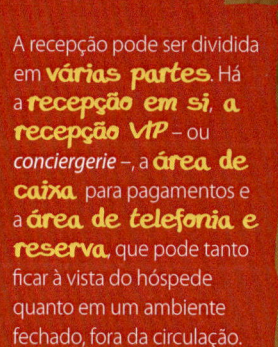

A recepção pode ser dividida em **várias partes**. Há a **recepção em si**, a **recepção VIP** – ou *conciergerie* –, a **área de caixa** para pagamentos e a **área de telefonia e reserva**, que pode tanto ficar à vista do hóspede quanto em um ambiente fechado, fora da circulação.

Os profissionais que trabalham na *conciergerie* são os responsáveis por fazer com que o hóspede tenha uma imagem ainda mais perfeita do hotel!

Em uma **conciergerie**, o hóspede pode fazer reservas para restaurantes, comprar passeios pela cidade (como *city tours*), reservar ingressos para *shows* e encomendar outros serviços de lazer. Ele também pode solicitar uma lavanderia exclusiva – que cuida de roupas mais delicadas –, além de serviços de massagem e de entrega e recebimento de documentos, cartas e correspondências. A **conciergerie** é uma recepção mais **exclusiva** que, normalmente, conta com profissionais mais discretos, atenciosos e experientes em serviço e em recepção.

O **setor de caixa**, comum em hotéis de maior porte, é utilizado para **separar** uma área delicada do atendimento geral. Nesse local, o hóspede tem mais **privacidade** para pagar a conta, podendo conferir o seu consumo durante a estadia com mais calma. Por exercer uma função específica e muito delicada, o recepcionista que cuida do caixa tem uma responsabilidade muito grande, pois é pelas mãos dele que passam todos os pagamentos em dinheiro que entram no hotel. Esse profissional também fica responsável por outras formas de pagamento de consumos no hotel, como serviços de estacionamento, restaurante, spa etc. Em alguns casos, ele também é responsável pelo recebimento do pagamento de eventos, sendo que isso pode ser acertado diretamente com o setor financeiro do hotel.

O **setor de telefonia e reservas** está ligado à recepção e é coordenado por um ou mais recepcionistas. É função do responsável pelas reservas auxiliar o futuro hóspede a efetuar a sua reserva no hotel conforme as especificações que ele possui, bem como resolver qualquer problema referente a essa questão.

O setor de reservas precisa se comunicar constantemente com os outros setores do hotel, já que o recepcionista responsável deve alertar os funcionários sobre a chegada de algum hóspede VIP ou sobre uma reserva especial.

> Por isso, é importante **cuidar** para que o número de reservas não **exceda** a capacidade do hotel e nenhum hóspede fique sem quarto!

As qualidades que se esperam de um recepcionista

Existem algumas **características** que esperamos das pessoas que ocupam determinadas funções ou trabalhos. Essas características são da própria pessoa e não podem ser aprendidas em cursos e palestras. Não é algo que se possa ensinar em uma cartilha, pois essas características acompanham a **educação** e a **criação** de cada pessoa e transparecem quando se está trabalhando. No entanto, elas podem ser **desenvolvidas** se a pessoa quiser.

Cortesia, educação e gentileza são características necessárias para qualquer tipo de serviço, e com a hotelaria não é diferente. Dessa forma, ser disposto e atender ao cliente com boa vontade faz parte desse pacote inicial. Entre os profissionais da área, existe um **ditado** que diz que você não pode atender bem se nunca foi atendido bem, e é dessa forma, replicando o que fazem conosco, que devemos aprender e criar as nossas **atitudes de trabalho**.

Não esqueça de aprender com determinados profissionais e de utilizar esse conhecimento na sua vida profissional. Do mesmo modo, aprenda com aqueles que lhe atenderem de forma **grosseira** e **não cordial**. Assim, você saberá o que **não** deve fazer no seu dia a dia de trabalho.

Aproveite as suas experiências de vida e perceba em uma loja de roupas, no restaurante, no cabeleireiro ou mesmo no ônibus **bons exemplos** de atendimento.

Dando continuidade às virtudes desejadas, é de bom tom que o recepcionista seja uma pessoa *ágil*, tanto mentalmente quanto fisicamente, para resolver os problemas que surgem de forma inesperada, sem deixar o cliente esperando uma resposta por muito tempo. Essa agilidade é aprendida durante o desenvolvimento do trabalho, pois passar por problemas faz com que encontremos soluções de forma *automática*. Por isso, não exija que essa característica apareça logo no começo do seu trabalho como recepcionista, mas trabalhe para que seja desenvolvida o mais rápido possível!

Outra qualidade muito importante é a **vontade de servir**. Lembre-se sempre de que servir é uma das atitudes mais nobres que existem! Sinta-se *importante* por servir as pessoas, e não inferior. No momento em que você estiver servindo determinada pessoa, perceba o quão importante esse ato é para ela. Aja de forma agradável e discreta, para que cada anseio do seu cliente seja atendido.

Aliás, **discrição** é outra característica importante para quem serve, pois a última coisa que um hóspede quer é ser atendido por um recepcionista que chame a atenção de todos. **Seja discreto!**

Por último, vem a *alegria*, afinal, você está lidando com os sonhos e as necessidades das pessoas. Por isso, você deve receber a todos com um *sorriso no rosto*. Sorria até quando estiver no telefone, pois, do outro lado da linha, a pessoa sentirá a sua *energia positiva*. Além disso, esteja sempre solícito para atender as vontades e necessidades do seu hóspede da forma mais cortês e amigável possível. Nunca deixe para depois o pedido de um hóspede. Seja *organizado* e o atenda o quanto antes, assim ele perceberá que é importante para você e para o hotel.

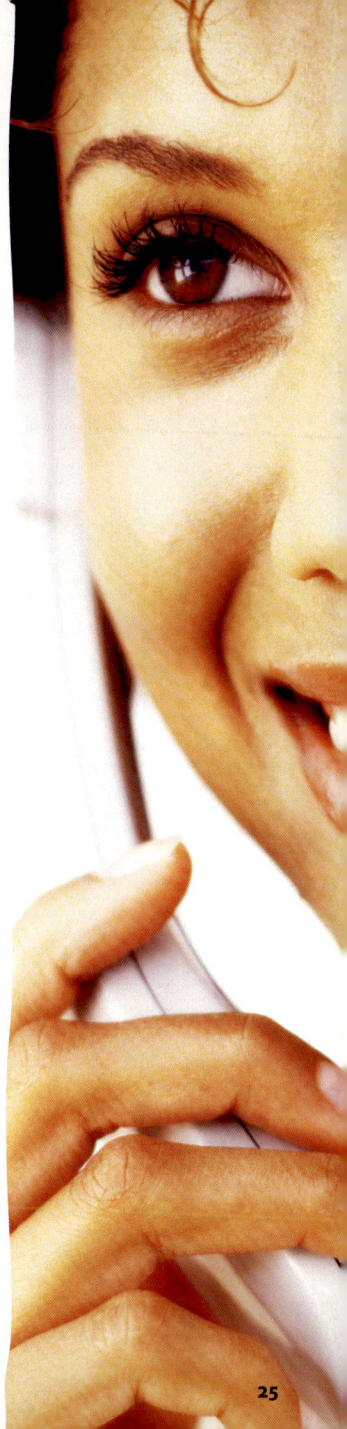

AS RESPONSABILIDADES DO RECEPCIONISTA

Depois de conhecermos as funções e o perfil do recepcionista, ficaremos por dentro das **novas responsabilidades** desse profissional. Elas estão diretamente ligadas às funções e atividades que o recepcionista desempenha durante o dia e, portanto, devem ser **bem feitas**. Nesse contexto, ter uma postura profissional, falar de maneira formal e ser simpático são características desejadas **sempre**.

*Por isso, aqui vai uma dica: mostre para o cliente cada item da conta. Isso demonstrará a **transparência** do seu trabalho.*

Além disso, é responsabilidade do recepcionista zelar pelo bom funcionamento da recepção, bem como cuidar da organização e da segurança desse local durante o seu turno de trabalho. Isso significa **deixar tudo em ordem**, de forma que não se veja bagunça ou mesmo desleixo na mesa do recepcionista. Em alguns momentos, esse profissional precisa lidar com dinheiro, seja em formato de moeda, nota ou cheque, seja em formato eletrônico – incluindo-se aí cartões de crédito e débito. Por isso, realizar operações financeiras com **segurança**, saber fazer contas e mexer com máquinas de cartão é muito importante! Além disso, essas máquinas ficarão guardadas em sua gaveta. Portanto, saiba bem quem geralmente mexe nela, pois o caixa é seu e, caso aconteça algum problema, quem terá que se explicar será **você**! Para evitar situações desagradáveis, esteja sempre precavido e, quando se tratar de dinheiro, **conte diversas vezes** o mesmo valor. É importante rever sempre a conta, ter certeza de que está tudo *ok* e assegurar se o hóspede está ciente do por que do valor a ser pago.

Organizar e colocar todos os dados cadastrais dos seus hóspedes no sistema do computador é **essencial**, pois ele é seguro e conta com um *backup* de emergência para os casos em que houver algum problema com o computador. **Registre** tudo o que acontece, seja no sistema de informática do hotel, seja no livro de ocorrências da recepção. Lembre-se de que você não trabalha sozinho e de que seus colegas de outros turnos precisam saber o que está acontecendo na recepção.

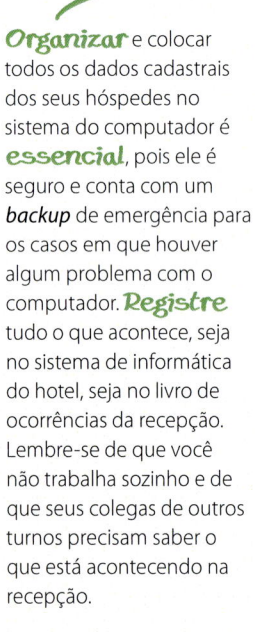

Nos dias atuais, os sistemas de informática permitem que se insiram comentários e ocorrências sobre cada hóspede. Assim, é criada uma **ficha da vida do hóspede** no hotel. Por meio desse mecanismo, quando o cliente retornar de algum passeio, por exemplo, você já saberá qual é a bebida preferida dele, qual o quarto que ele mais gosta, se ele tem alguma restrição física (como uma alergia), ou se é portador de necessidades de locomoção. Tratar o hóspede com esse **diferencial** faz com que ele se sinta em casa e, portanto, volte sempre para se hospedar no hotel. Cative e conquiste seus hóspedes!

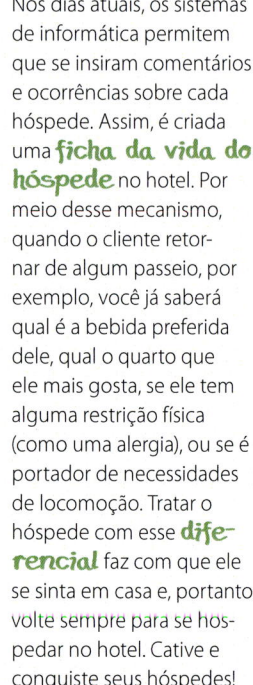

Tenha sempre em mente que o hotel em que você trabalha é como uma **casa** que recebe diversas pessoas por dia. Dentro desse contexto, você é praticamente o **guardião** dessa casa, durante o seu turno. Por isso, esteja sempre ciente de **tudo que acontece**: saiba que apartamentos estão em manutenção, conheça o horário de saída dos hóspedes, verifique os eventos que ocorrem dentro do hotel, o histórico de hospedagem do estabelecimento, a quantidade de reservas que o hotel possui para determinado dia etc.

Por falar nisso, **marcar** as reservas do hotel pode ser outra atividade do recepcionista, já que, normalmente, é responsabilidade desse profissional atender às ligações e coordenar as reservas do hotel.

Seja **honesto** ao fazer as reservas. Não prometa que poderá fazer mais do que está ao seu alcance. Um quarto diferenciado pelo mesmo valor ou até mesmo uma cortesia de almoço só podem ser prometidos caso haja a **aprovação do gerente de hospedagem**. Esteja sempre em contato com o hóspede e atenda aos seus pedidos sempre que for possível.

Cada estabelecimento possui um **sistema próprio** para controlar as reservas. Informe-se sobre como esse sistema funciona no hotel em que você trabalha e aja de acordo com o que lhe ensinarem. É importante que o recepcionista saiba quantas pessoas estão prestes a entrar no estabelecimento para que não haja um número de hóspedes maior do que a capacidade dos quartos disponíveis. Assim, você estará evitando que as pessoas que chegam com reservas percam o quarto.

CHECK ✓ LIST

①

Por que a recepção é considerada uma das principais áreas do hotel?

pgs. 14 e 15

② O que faz um recepcionista de hotel?

③ Qual é a função da *conciergerie*?

pg. 20

Quais características de personalidade são importantes para que um recepcionista obtenha sucesso na profissão?

pgs. 23 e 24

④

⑤ Cite e descreva três funções do recepcionista de hotel.

pgs. 14 e 15

Neste capítulo, iremos descobrir como funciona um hotel **por inteiro**. É importante que você, assim que começar a trabalhar em uma recepção, conheça um pouco de cada função e das peculiaridades do hotel para poder desempenhar melhor o seu trabalho. Com o que você aprenderá aqui, será muito mais fácil se comunicar com seus colegas de trabalho e exigir apenas aquilo que a função deles realmente envolve. Caso contrário, você correrá o risco de pedir **coisas erradas** para **pessoas erradas** e não conseguirá resolver os seus problemas.

Isso poderá deixar você frustrado e descontente com o trabalho. Por isso, saber como funciona o hotel em que você trabalha é o **primeiro passo** para o sucesso profissional.

COMO FUNCIONA?

Um hotel é a **soma de diversos quartos** em um mesmo prédio, onde são alugados por um **valor fixo por dia**, incluindo ou não alguns serviços. Basicamente, é assim que um hotel funciona.

Mas para que uma coisa tão simples funcione bem, é preciso que diversas pessoas trabalhem a favor do estabelecimento. Em um hotel com 100 quartos, é normal que existam cerca de 40, 50 ou até 80 funcionários, divididos em 3 turnos de trabalho, conforme descrevemos antes. Assim, é importante que você conheça as funções e responsabilidades de cada um dentro do estabelecimento. Vamos conhecer os seus colegas, então? É válido lembrar que nem todos os hotéis contam com as funções que serão tratadas a seguir, mas é bom que você as conheça, pois não sabe quando poderá deparar-se com elas.

AS FUNÇÕES E CARGOS

Antes, vamos conhecer quem está mais **perto** do recepcionista de hotel:

Mensageiro de hotel:

é o responsável pelo **transporte dos pertences do hóspede**, como malas, bolsas etc. Além disso, ajuda a retirar esses pertences do carro do cliente e os transporta até o apartamento.

Manobrista:

estaciona e **manobra** os carros dos hóspedes dentro do estacionamento. Muitas vezes, esse serviço é terceirizado.

Capitão porteiro:

é o **chefe** da parte externa da recepção do hotel. Cuida da limpeza, do asseio e da postura dos funcionários. Também recebe hóspedes mais importantes e coordena a equipe do hotel.

Recepcionista:

como já foi visto, ele fica **atrás do balcão** e atende o cliente durante o *check in* e o *check out*. Esse profissional deve ser cortês e educado, atendendo a todas as demandas do cliente ou respondendo-lhe quaisquer dúvidas.

Responsável pelas reservas:

atende ao telefone e **coordena** todas as reservas do hotel, agendando os apartamentos e verificando a capacidade de lotação do estabelecimento. Deve ser **organizado** para controlar tudo sem se perder.

Gerente de recepção:

é responsável por **todos os funcionários** da recepção, que são os mensageiros, o capitão porteiro, os manobristas, os recepcionistas e os profissionais que trabalham no setor de reservas. É subordinado ao gerente de hospedagem ou gerente geral, dependendo do tamanho do hotel. Pode, às vezes, acumular a função de **gerente de hospedagem**. Além disso, esse profissional responde rapidamente aos seus subordinados, dando mais **segurança** à equipe.

Equipe de lavanderia:

como o próprio nome diz, os funcionários desse setor cuidam da parte de **lavanderia** do hotel. Esses profissionais lavam e organizam os enxovais de modo que essas peças de roupas e acessórios sejam utilizados por um determinado tempo.

Chefe de governança ou governanta:

é a profissional que cuida de toda a equipe de suporte dos quartos, que envolve as camareiras, os funcionários da manutenção da lavanderia, entre outros. É dela a responsabilidade de manter tudo **limpo** e **organizado** dentro do hotel. Normalmente, essa profissional está subordinada ao gerente de hospedagem ou ao gerente geral.

Camareira de andar:

é responsável pela **limpeza** e pela **organização** dos apartamentos de um determinado andar. É essa profissional que deixa tudo em ordem entre a saída de um cliente e a entrada de outro. Vale ressaltar que a camareira de andar se comunica com a recepção do hotel por rádio ou telefone para poder agilizar o processo de *check out* do hóspede.

Equipe de manutenção:

normalmente, engloba **uma** ou **duas** pessoas responsáveis por cuidar de todos os equipamentos do hotel, como ar condicionado, televisores, frigobar, móveis etc. Os funcionários desse setor contam com uma pequena **oficina de trabalho** dentro do hotel.

Commis:

é o auxiliar do garçom que faz todo o serviço de **polimento** de copos, taças, pratos e talheres.

Garçom:

atende e **serve** as mesas do(s) restaurante(s) do hotel. O garçom de *room service*, por sua vez, atenda aos quartos.

Chefe de fila:

é responsável por um **grupo de garçons** e também auxilia o *maître* nas as funções dele.

Maître:

é o responsável por todo o salão do restaurante. **Coordena** os serviços oferecidos, bem como os garçons e os chefes de fila. Além disso, garante o bom andamento da parte de fora do restaurante.

Auxiliar de cozinha:

ajuda em **todos** os preparos da cozinha, picando, descascando, limpando e organizando alimentos.

Cozinheiro:

é o responsável por **cozinhar** todas as refeições. Para isso, ele conta com um auxiliar.

Chefe de cozinha:

coordena a cozinha do hotel. Dessa maneira, ele **planeja** menus, o quadro de folgas da equipe e todas as compras da cozinha, além de cuidar para que não falte nenhum ingrediente.

Gerente de alimentos e bebidas:

é o responsável por todo o **setor de alimentação** do hotel, cuidando de banquetes, jantares, *coffee breaks*, eventos etc. Deve zelar também pelo bom funcionamento das equipes de cozinha e de salão, sendo que esta última engloba os garçons, os *commis*, os chefes de fila e os *maîtres*. O gerente de alimentos e bebidas possui uma das maiores equipes do hotel.

Responsável por eventos:

cuida das **reservas dos salões** do hotel, garantindo que os eventos agendados sejam bem sucedidos.

Gerente geral:

é o profissional que cuida de todos os departamentos do hotel, sendo responsável por todas as suas operações, que envolvem desde os mensageiros, os garçons e as camareiras até a parte física do estabelecimento, que diz respeito a serviços de manutenção e reforma. É o cargo mais **alto** na hierarquia de um hotel.

Departamento de compras:

trata-se de um **setor administrativo** que cuida de tudo que é **comprado** no hotel, desde papel higiênico até os suprimentos de alimentos e bebidas.

Departamento de Recursos Humanos:

nele são **administrados** os contratos de trabalho de todos os funcionários do hotel, os contratos de trabalho de todos os funcionários.

Departamento de contas a pagar e a receber:

é o setor **financeiro** do hotel. Também pode também ser chamado simplesmente de financeiro.

Departamento comercial:

é responsável pela **venda** de diárias no hotel em empresas e no mercado. Os profissionais desse setor passam mais tempo fora do que dentro do hotel.

GERENTE GERAL

- Departamento comercial
- Departamento de contas a pagar e a receber
- Departamento de Recursos Humanos
- Departamento de compras
- Gerente de alimentos e bebidas
  - Chef de Cuisine
    - Cozinheiro
    - Auxiliar de cozinha
  - Maitre
    - Garçom
    - Commis

Chefe de governança ou governanta
- Equipe de lavanderia
- Equipe de manutenção
- Camareira de andar

Gerente de recepção
- Recepcionista
- Responsável pelas reservas
- Mensageiro de hotel
- Capitão porteiro
  - Manobrista

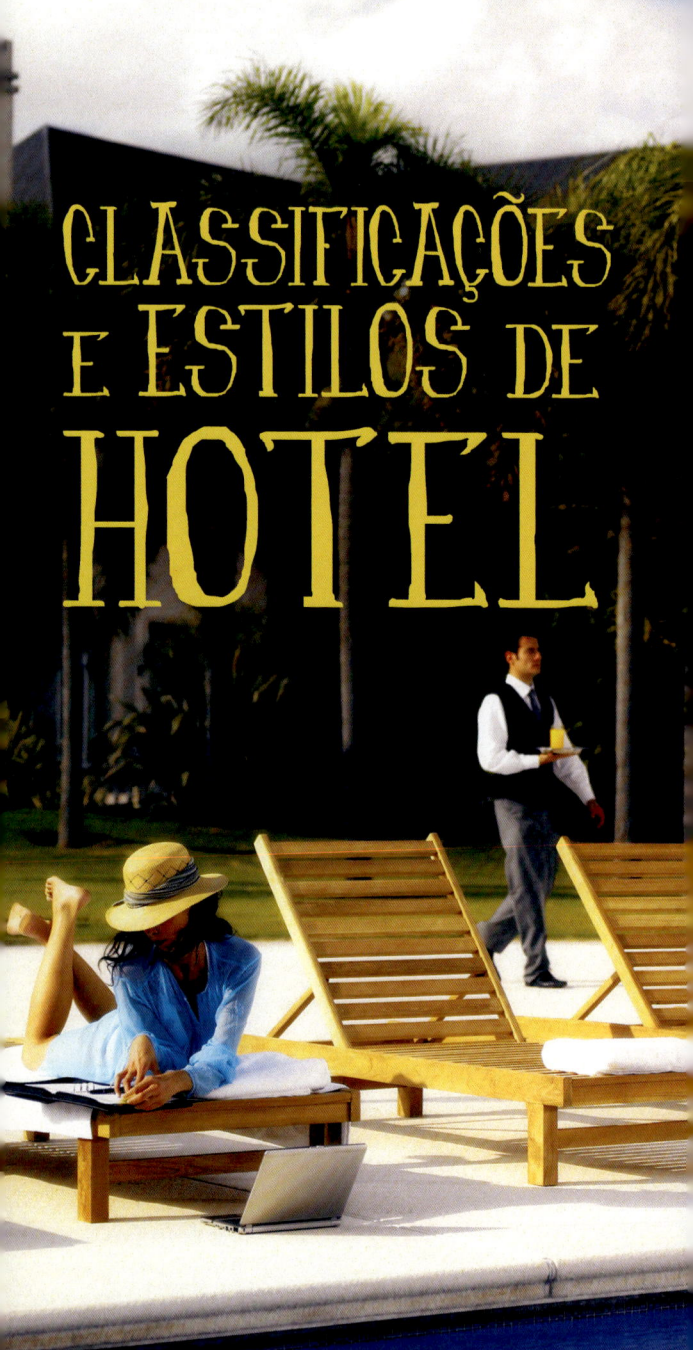

CLASSIFICAÇÕES E ESTILOS DE HOTEL

Depois de conhecer os seus possíveis colegas de trabalho, agora você irá verificar os tipos de estabelecimento onde poderá trabalhar.

Antigamente, os hotéis brasileiros eram classificados por meio de *estrelas*. No entanto, esse tipo de classificação ficou subjetivo e difícil de ser seguido, pois as regras para cada nível de estrelas ficaram muito mal explicadas. Além disso, algumas visitações e certificações acabavam não acontecendo. Mesmo assim, ainda temos no imaginário o nível de estrelas como classificação de hotéis. No entanto, à medida que os hotéis se dividem em faixas de oferta de serviço ou de preço, isso tem mudado.

Como ainda não há um *consenso* sobre a melhor forma de se classificar hotéis, muitas vezes cada rede classifica os seus estabelecimentos de formas diferentes. É importante dizer que o mercado possui uma visão e percepção sobre a classificação e tem se *adequado* ao estilo que melhor informe o cliente sobre o nível do hotel em que deseja se hospedar. Assim nasceu a classificação que descrevemos a seguir. Ela foi idealizada pela Associação Brasileira da Indústria de Hotéis (ABIH):

Simples (antigo 1 estrela): são hotéis que contam com acomodações simples, podendo oferecer apenas o serviço de hospedagem.

Econômicos (antigo 2 estrelas): possuem acomodações modestas, mas já dispõem de serviços de alimentos e bebidas, como, por exemplo, um *snack bar* e café da manhã. Alguns desses hotéis já possuem, inclusive, espaço pra eventos.

Superior (antigo 4 estrelas): esses estabelecimentos possuem instalações e equipamentos de ótima qualidade, contando com serviços de alimentação e bebidas 24h por dia (incluindo bares), instalações para reuniões e eventos maiores e serviço de quarto. Normalmente, os hotéis dessa categoria dispõem de áreas de lazer – como academia ou piscina –, e de trabalho, que incluem computadores e serviços de internet.

Turístico (antigo 3 estrelas): possuem equipamentos e acomodações de maior qualidade, com quartos espaçosos e bem equipados. Normalmente, os hotéis dessa categoria contam com um serviço de alimentação mais completo, mas ainda restrito a certos horários de atendimento. Além disso, dispõem de instalações para reuniões e pequenos eventos, sendo que as equipes de funcionários contam com treinamentos para essas ocasiões.

Luxo (antigo 5 estrelas): contam com equipamentos e instalações de excelente qualidade, serviços de alimentação 24h por dia, bem como com serviços de bar, banquete e recepção. Também possuem áreas exclusivas para trabalho e lazer, como lojas, agências de viagens e transportes, piscina, sauna, academia, entre outros, e funcionários com qualificação para o atendimento de clientes estrangeiros.

Super Luxo (nova classificação de 5 estrelas *plus*): além de todos os recursos disponibilizados pelos hotéis de luxo, os estabelecimentos dessa categoria contam com acomodações, equipamentos e instalações de qualidade internacional. Também possuem instalações e equipamentos para grandes eventos, bem como um maior número de piscinas e facilidades, como salão de beleza, spa, serviços de massagem etc. Os funcionários desses estabelecimentos são altamente treinados de acordo com padrões internacionais, podendo, assim, atender a clientes de qualquer parte do mundo.

Ainda temos no mercado outros tipos de hospedagem, como os albergues, os *campings* e as pousadas etc. Cada um destes possui características que os **diferenciam** dos demais, por isso é importante que você conheça pelo menos um pouco sobre cada um.

Curiosidades

Você sabia que existem hotéis cuja diária custa U$1.800,00 sem café da manhã incluso? Isso é normal em Dubai, onde existe o BURJ AL ARAB, um dos hotéis mais luxuosos do mundo. Vale mencionar que há brasileiros trabalhando nesse estabelecimento!

Pousadas: com uma administração mais familiar, as pousadas trabalham com um número menor de quartos, podendo variar de locais simples a estabelecimentos luxuosos, sendo que o valor também varia. Normalmente, a alimentação e a recepção são feitas pelos próprios familiares. A exceção vale para o serviço de limpeza, que, às vezes, pode ser realizado por funcionários.

Albergues: normalmente, possuem quartos e banheiros coletivos e não contam com uma estrutura muito grande de alimentação. São limpos, organizados e confortáveis, possuindo uma alta rotatividade. Geralmente, os albergues são utilizados por estudantes. Vale ressaltar que o serviço de recepção é um ponto forte desse tipo de hospedagem.

Apart hotéis: também chamados de *flats* ou *hotéis residência*, são estabelecimentos que contam com serviços hoteleiros. Muito utilizados por executivos que passam algum tempo fora de seus locais de residência, os apart hotéis possuem toda a estrutura de um hotel, como camareira, serviços de alimentação etc. Nesses locais, a cobrança é diferenciada, sendo que o valor variar por dia, semana ou até mesmo por mês.

Motéis: envolvem um serviço de hospedagem rápido e eficiente. Começaram nos Estados Unidos como uma forma barata de se hospedar perto de rodovias. Além disso, esse tipo de estabelecimento foi o precursor dos hotéis estilo "econômico". Os motéis contam com serviços de recepção – que são altamente exigidos –, de limpeza e de alimentação. Com vagas de garagem coletivas ou privativas, trazem segurança, conforto e privacidade aos hóspedes.

Esses são os serviços de hospedagem mais utilizados, sendo que ainda podemos contar com spas, hotéis de charme, hotéis fazenda, *resorts*, hotéis históricos, dentre outros. Cada um deles tem **peculiaridades** no atendimento, mas, em geral, todos contam com a estrutura de um hotel de categoria **superior** ou **turística**. Dessa forma, o diferencial desses estabelecimentos é o **serviço prestado**. Em um hotel spa, por exemplo, há o serviço de **controle de dietas**. Já em um hotel *resort*, o cliente pode contar com diversos **mecanismos** e **equipamentos de lazer**.

Como podemos ver, há diversas categorias hoteleiras onde o trabalho do recepcionista de hotel é **procurado** e **valorizado**. É interessante ressaltar que, com eventos internacionais (como a Copa do Mundo, as Olimpíadas, os Jogos Panamericanos), congressos, feiras e exposições, a **demanda** por hotéis é sempre **grande**. Em cidades como São Paulo, Rio de Janeiro e Curitiba, a ocupação média de hotéis pode girar em torno de 80% em épocas de movimento intenso, o que mostra que as pessoas estão utilizando muito essas opções de hospedagem.

A FUNÇÃO DO RECEPCIONISTA DENTRO DA ESTRUTURA DO HOTEL

Conforme vimos, o hotel é uma **máquina** que funciona com diversas **peças**. Assim, cada peça é importante para que a máquina funcione perfeitamente. Nessa perspectiva, o recepcionista é uma **peça fundamental** para que o hotel funcione de maneira adequada.

Como já falamos, a função de um recepcionista é trazer o hóspede para **dentro** do hotel e conduzi-lo a um local de conforto e lazer. Por ser uma função muito importante, é de bom tom que o recepcionista seja **treinado** antes mesmo de dar o seu primeiro "bom dia" a um hóspede. Por meio desse treinamento, o hotel poderá garantir que os seus clientes estão sendo atendidos com profissionalismo e com padrões de atendimento similares entre toda a equipe de recepção.

Os treinamentos variam de estabelecimento para estabelecimento, mas existe um **roteiro** que todos os hotéis seguem. Dessa maneira, as **bases do bom atendimento** não variam em nenhum estabelecimento, sendo mantidos padrões mínimos de serviço.

> Os diferenciais de cada hotel é o que fazem com que ele seja **único** dentro do mercado hoteleiro, cativando o cliente e conquistando fidelidade!

Mais do que saber receber bem, a função de recepcionista consiste em uma espécie de **ligação** entre as diversas áreas do hotel. Por depender dos trabalhos de todos, o recepcionista precisa ter um **bom relacionamento** com os funcionários, **conhecer** a função de cada um e ser conhecido pelos seus colegas. Como esse profissional sabe exatamente quantos hóspedes entraram e saíram do hotel, quantas reservas existem para os próximos dias, quais eventos irão acontecer e quais são as prioridades de cada cliente, muitas vezes é dele que parte o comando para tratar determinado hóspede VIP de maneira **diferenciada**. Um exemplo disso é a realização de um *upgrade* para uma acomodação de nível superior, sem pagamento de taxas extras, em virtude de alguma mudança nas reservas ou da importância do cliente.

Nesse contexto, citamos novamente a importância de manter um bom relacionamento com todos os funcionários e possuir as informações dos turnos anteriores de trabalho. Para isso, use as **ferramentas da informática**, pois são as mais fáceis e rápidas de utilizar, além de possibilitarem o acesso

Sempre compartilhe informações, pois de nada adianta "guardar" determinada situação que aconteceu somente para você se outras pessoas podem lhe ajudar a solucionar o problema. Não pense que você está acima dos outros porque tem informações que eles não têm. Isso representa **falta de espírito de equipe** e só gera egoísmo e desavenças no trabalho.

Receber os hóspedes, fazer o *check in* e encaminhá-los ao quarto acabam sendo as atividades mais **simples** e **automáticas** da recepção. Isso não quer dizer que elas não são importantes. Muito pelo contrário, elas são, mas devem ser acompanhadas de todo o resto que foi mencionado para que a função de recepcionista possa ser exercida de forma eficiente e objetiva. Mais detalhes sobre a função específica do recepcionista veremos no próximo capítulo, que fala sobre a recepção em si.

aos dados de todos os departamentos da empresa ao mesmo tempo. Papéis se perdem com o tempo e anotações podem não ser vistas por quem deveria. Por isso, é melhor optar por recursos mais **ágeis** e **práticos**, que façam com que todos que participam do processo **interajam**.

CHECK ✓ LIST

- Gerente geral
- Equipe de manutenção
- Mensageiro
- Chefe de governança

Descreva, com suas palavras, as atividades de cada um dos cargos acima.

①

® pgs. 36, 38 e 41

Defina as características de cada um dos hotéis abaixo. ◈ pgs. 46 e 47

②

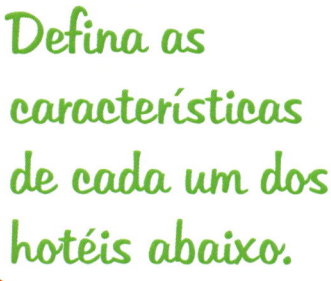

- Simples
- Econômicos
- Turísticos
- Superiores
- Luxo
- Super Luxo

③ **Cite e descreva outras duas opções de hospedagem.**

◈ pg. 49

Qual é a importância do recepcionista dentro da estrutura total de um hotel?

◈ pgs. 53 e 54

④

O RECEP-CIONISTA

A função de **recepcionista** tem a ver com a própria denominação desse profissional, já que, primeiramente, ele precisa receber os clientes do hotel. Essa é apenas uma das várias atividades que iremos descrever de forma detalhada neste capítulo. Isso auxiliará você a iniciar seus trabalhos dentro de uma recepção de hotel.

HOTELARIA E SERVIÇOS

Trabalhar com hotelaria, bem como em todos os ramos do turismo, é trabalhar com a **área de serviços**. O setor é a maior força econômica do Brasil nos dias de hoje, deixando para trás os produtos manufaturados e estabelecendo-se como **primordial** dentro do dia a dia da população.

Quanto custa o serviço prestado? Como sei que estou prestando um serviço e não vendendo um produto?

Mas o que é serviço?

Que valores fazem com que o meu serviço fique mais atrativo e possua um diferencial perante os meus concorrentes?

Para entendermos qual é a função da área de serviços, precisamos responder à seguinte pergunta: **O que é serviço?**

A primeira característica do serviço – e o que lhe diferencia dos produtos – é a sua *intangibilidade*, ou seja, ele não poder ser tocado, mensurado ou previsto. Só depois que o serviço for prestado é que ele poderá ser avaliado, podendo atender às expectativas ou não. Além disso, como determinados serviços, às vezes, possuem um prazo longo de duração, as chances de eles darem errado e frustrarem as pessoas que os adquiriram são grandes.

Dessa forma, os serviços são todas as ações, processos e atuações que um profissional desenvolve para entregar algo a alguém. Aliás, serviço é exatamente o contrário de **produto**. Enquanto o produto é tangível, o serviço é intangível. Mesmo assim, muitos produtos precisam de serviços para serem vendidos. É o caso de um refrigerante, que é um produto. Sem o serviço de um garçom, ele continuará dentro da geladeira do restaurante. Por mais que você mesmo tenha que pegá-lo, essa atitude também constitui um serviço.

O serviço também é **perecível**, como alguns produtos. Isso quer dizer que se ele não for aproveitado na hora, perde a sua validade.

Para exemplificar, citamos a seguinte situação: no dia 12 de abril de 2009, apenas a poltrona **12A**, no avião da empresa **X**, e o quarto **508**, no hotel **Y**, estavam disponíveis. Se eles não tivessem sido vendidos no dia 12 de abril de 2009, não poderiam mais ser comercializados!

É por esse motivo que procuramos sempre ter o máximo de ocupação nos quartos dos hotéis, já que o apartamento que não foi ocupado **hoje** não poderá ser vendido **amanhã da mesma maneira**. Isso não acontece com uma lata de azeite, por exemplo, que pode ser vendida e consumida até o seu prazo de validade. No caso dos hotéis, o serviço tem uma validade de **24h**.

O serviço também pode ser chamado de **heterogêneo** ou **variável**, pois varia de pessoa para pessoa. Diante dessa perspectiva, o recepcionista deve atender aos clientes de forma **especial** e **individualizada**.

> Cada hóspede tem necessidades diferentes, seja pelo horário de fazer suas refeições, tomar banho ou mesmo pela necessidade de realizar uma chamada telefônica para casa. São esses **detalhes** que fazem com que o serviço seja heterogêneo, sendo que um simples quarto pode atender a necessidades de pessoas tão **diferentes**.

Enquanto os produtos são feitos em fábricas, transportados, colocados à venda, comprados, levados para casa e utilizados, os serviços têm uma característica marcante, que é a **simultaneidade**, ou seja, eles são criados e consumidos na mesma hora! Quando um quarto de hotel fica vago e há um cliente esperando para entrar, aparece em cena a simultaneidade. Também podemos chamar essa característica de **inseparabilidade**, pois não conseguimos separar os atos de *criar* e *consumir* o serviço. É sempre um desafio manter os nossos serviços em ordem e com uma boa taxa de utilização!

Ao contrário da maioria dos produtos, os serviços possuem uma **participação ativa** do cliente no processo de criação e de consumo. Assim, o cliente é um **agente ativo** na criação do que ele mesmo consome.

> Quantos são os produtos feitos especialmente para nós? Produtos que tenham a **nossa cara**, o nosso gosto? Na maior parte das vezes, somos obrigados a comprar aquilo que a fábrica quis fazer, e não o que realmente **precisamos**. E quando optamos por comprar um produto que é a nossa cara, normalmente, ele sai mais caro do que o padrão de mercado.

Os serviços são assim: por serem fabricados para serem consumidos na mesma hora, eles podem ser alterados antes de ser utilizados. Por isso, o seu desafio como prestador de serviços é **deixá-los com a cara do seu cliente**, suprindo as necessidades dele.

Dentro dos hotéis, fazemos isso quando "escolhemos" para o nosso hóspede um quarto que se adeque mais às necessidades e aos desejos dele. Nesse sentido, é importante fazer as seguintes perguntas ao cliente: Qual é a sua preferência: camas de solteiro ou cama de casal? Colchão *box*?

> Pense em um móvel, em um guarda roupas. O que é vendido na loja de varejo possui um **padrão**, e temos que nos adaptar a ele. Caso você queira um móvel planejado, terá que contratar um prestador de serviços — um marceneiro que fará o objeto do jeito que você queira. Entretanto, isso faz com que ele seja mais caro do que aquele que é vendido na loja de móveis.

Quartos de frente para a rua ou para os fundos? No primeiro ou no último andar? A preferência é por um quarto conjugado? Café da manhã no quarto ou juntamente com os outros hóspedes? Deseja ser acordado (a) pelo nosso serviço de despertador? Deseja receber chamadas?

Lembre-se:

Quando compramos um serviço, compramos o direito de utilizá-lo por determinado tempo, por isso, serviço não tem propriedade.

Todas essas questões são a personalizações dos serviços prestados pelo hotel ao seu cliente. Por meio delas, você conseguirá chegar mais perto dos anseios do hóspede, conquistando a sua simpatia e confiança.

O seu hóspede não será o dono do quarto em que estiver, mas no período em que ele adquirir o serviço, poderá usufruir do quarto como se fosse **dele**.

Por isso, é difícil trabalhar com os serviços e com seus detalhes tão sutis e peculiares. Sendo assim, devemos ter uma grande paixão pela ARTE DE SERVIR. A hotelaria e o turismo sempre precisarão de pessoas que possam prestar determinados serviços. Por mais que o mundo esteja se encaminhando para o autosserviço e para a automação de todos os itens do nosso dia a dia (como os caixas eletrônicos, as compras pela internet etc.), o atendimento ainda é necessário para a prestação de serviços em hotelaria. Por isso, você é uma **peça fundamental** nesse processo!

Saber servir com maestria é um aprendizado que leva uma vida toda para ser aperfeiçoado. Por isso, você deve se perguntar constantemente quais são as características que precisa aprimorar para poder atender melhor o seu próximo cliente.

> Com tantos hotéis, pousadas e albergues, o que faz com que um serviço seja especial e único? O que faz com que ele atraia o cliente para o seu hotel e não para o concorrente? **Você.**
>
> É a forma com que você age no seu dia a dia de trabalho e como você percebe e atende às necessidades do seu cliente que faz com que o seu trabalho seja **diferenciado**.
>
> O que diferencia um serviço de outro é exatamente o valor que agregamos a ele. Gentileza, presteza, velocidade, alegria, simpatia, enfim, são várias as qualidades que você pode agregar ao serviço para fazer com que ele seja mais valioso do que aquele que é oferecido pelo hotel vizinho. E essas atitudes começam com o **recepcionista**, que é a peça chave do atendimento de um hotel.

O PROCESSO DE HOSPEDAGEM, PASSO A PASSO

Cada vez que um hóspede chega ao hotel, ele segue sempre o mesmo **roteiro de hospedagem**. Esse roteiro começa ainda antes, na reserva, quando o hóspede entra em **contato** com o hotel, seja por meio de telefone, seja por *e-mail*, solicitando tarifas, informações e efetuando a **reserva**. O próximo passo é o *check in*, que acontece assim que o hóspede chega ao hotel e envolve o preenchimento da **ficha de hospedagem**.

A hospedagem em si é todo o período que o hóspede permanece registrado no **hotel**. Nesse período, podem estar inclusos todos os serviços que ele consumir. Após o término da hospedagem, o hóspede fecha a conta, paga as despesas e sai do estabelecimento. Esse é o momento do *check out*.

Dessa forma, podemos dividir a hospedagem em quatro fases distintas:

> Sorrir ao atender ligações e agir de forma solícita e leal são as melhores formas de conquistar o seu potencial cliente!

Reserva

Nessa etapa, o hóspede entra em contato com o hotel e pede informações sobre a tarifa para verificar o que está incluso, quais são os custos adicionais, qual é a localização do hotel, de que equipamentos de trabalho ou lazer ele poderá dispor etc. Em seguida, é feita a reserva. Em muitos casos, o cliente precisa confirmá-la mediante o **depósito** de um percentual da hospedagem.

No momento da reserva é importante que o suposto cliente seja atendido de maneira cordial. Assim, se ele ficar satisfeito com o atendimento, há grandes chances de a reserva ser efetivada.

Por isso, o setor de reservas do hotel e o departamento comercial, são os principais responsáveis pela ocupação do estabelecimento.

Em hotéis grandes é comum existir uma **central de reservas**, em que uma ou mais pessoas ficam apenas recebendo *e-mails* e telefonemas e entrando em contato com os clientes. No caso de redes menores e de hotéis de gestão familiar ou de menor porte, normalmente essa atividade é acumulada pela **recepção**, que precisa garantir a **qualidade** do serviço prestado.

Em alguns hotéis, ainda são utilizados meios como fax, correio e até mesmo representantes ou agências de viagem com o objetivo de se vender hospedagem. Entretanto, alguns desses meios não estão sendo mais usados pela a falta de praticidade em relação ao *e-mail* e ao telefone. Além disso, muitos hotéis contam com espaços para reservas em seus próprios *sites*.

Nesse contexto, a reserva, em si, é dividida em **seis etapas**:

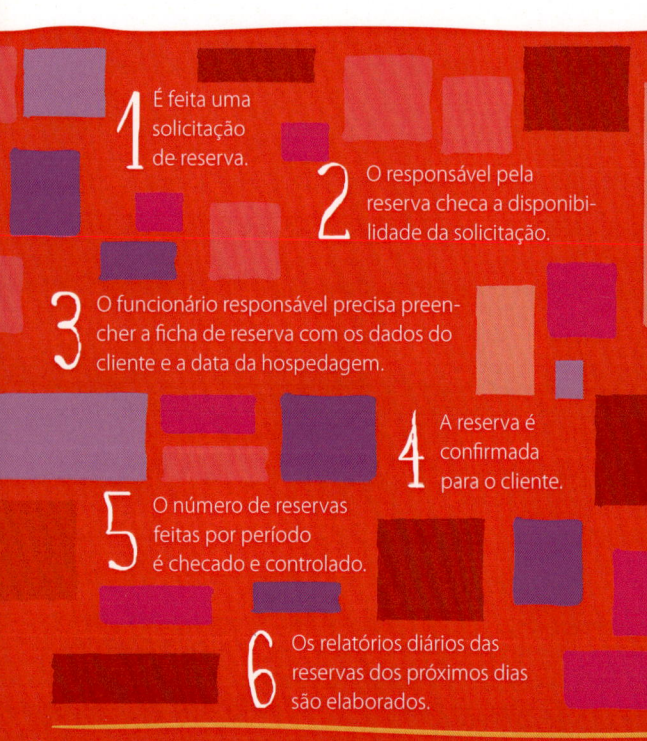

1. É feita uma solicitação de reserva.
2. O responsável pela reserva checa a disponibilidade da solicitação.
3. O funcionário responsável precisa preencher a ficha de reserva com os dados do cliente e a data da hospedagem.
4. A reserva é confirmada para o cliente.
5. O número de reservas feitas por período é checado e controlado.
6. Os relatórios diários das reservas dos próximos dias são elaborados.

Como nos dias de hoje boa parte das reservas se dá por telefone e *e-mail*, existem alguns itens que devem ser levados em consideração para que a reserva seja bem efetuada e o cliente seja conquistado.

Em primeiro lugar, tanto o telefone quanto o *e-mail* devem ser respondidos o **mais rápido possível**. Nada de deixar o telefone tocar mais do que três vezes ou não responder o *e-mail* no mesmo dia! Além disso, a pessoa responsável deve identificar-se e cumprimentar o possível cliente. Se o contato ocorrer por *e-mail*, deve ser usada uma linguagem **formal**, sem palavras como *abraços* ou *beijos*. Diante disso, *atenciosamente* é uma forma cortês e educada de se finalizar um *e-mail*. No final da mensagem, também devem constar informações como **nome** e **telefone**.

O responsável pelas reservas deve ser **atencioso**, pedindo informações do cliente e lembrando-se delas posteriormente. **Nome**, **sobrenome** e **profissão** são alguns dos dados que devem ser pedidos. Depois, o funcionário precisa anotar o **endereço**, o **telefone** e outros contatos do cliente em questão. Além disso, confirmar e verificar a disponibilidade do tipo de apartamento que o hóspede solicitar é de fundamental importância.

Anotar corretamente os dados do cliente é importante! Se tiver dúvidas, esclareça-as com ele

Muitas vezes, a pessoa que faz a reserva não é a mesma que irá se hospedar, sendo que esta pode ser feita até mesmo em nome de determinada empresa. Se a pessoa já for cliente do hotel, procure as informações de hospedagens anteriores para verificar se ela quer o mesmo tratamento. Isso demonstra uma atenção especial para com o cliente, que se sente único. Dessa forma, devem ser anotados detalhes como a quantidade de pessoas para a reserva, se elas são crianças, adultos ou bebês, o tipo de acomodação (apartamento simples, duplo, triplo, quarto conjugado), o horário previsto de chegada e a forma de pagamento.

Pronto! Sua reserva está feita! Agora é só esperar que o seu cliente vá até o hotel.

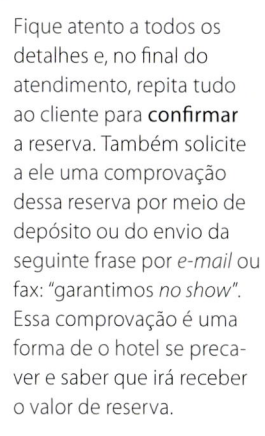

Fique atento a todos os detalhes e, no final do atendimento, repita tudo ao cliente para **confirmar** a reserva. Também solicite a ele uma comprovação dessa reserva por meio de depósito ou do envio da seguinte frase por *e-mail* ou fax: "garantimos *no show*". Essa comprovação é uma forma de o hotel se precaver e saber que irá receber o valor de reserva.

Ao desligar o telefone, **agradeça** a preferência pelo estabelecimento onde você trabalha e chame o cliente pelo **nome**. Não desligue o telefone até que ele o faça.

CHECK IN

É a chegada do hóspede ao hotel. Após ser recebido pelo capitão porteiro e por mensageiros, ele é encaminhado até a recepção, onde será atendido pelos profissionais que trabalham no local. Existem, nesse caso, **dois tipos** de hóspede: aquele que já fez sua reserva, conforme explicamos no item acima, e aquele que simplesmente entrou no hotel, pois o avistou enquanto estava na rua. Esse hóspede é chamado de *walk in*.

É sempre bom lembrarmos que é no *check in* que o hóspede tem o primeiro contato físico com o hotel, e qualquer atraso no atendimento ou qualquer erro fará com que ele crie uma **imagem ruim** do estabelecimento, que irá durar pelo tempo em que o cliente estiver hospedado. Cuidado, pois a responsabilidade está com **você**!

A recepção é um dos únicos locais do hotel que **nunca** pode ficar **sem ninguém**. Por essa razão, é comum que pelo menos duas pessoas trabalhem em cada turno. Considerando que o período noturno costuma ser o mais perigoso, é de fundamental importância que o profissional desse turno sinta-se seguro no trabalho, pois o hotel é uma "casa" que fica aberta **24h por dia**, para quem quiser entrar.

Quando o hóspede já estiver no hotel, devemos fazer procedimentos similares, mas, ao mesmo tempo, diferenciados, para cada um dos casos, independentemente de o hóspede ter ou não uma reserva. No caso de ele possuir a reserva, alguns passos podem ser adiantados. Vale ressaltar que o procedimento de reserva tem duas funções: garantir o quarto para o período desejado e agilizar o processo de *check in*, pois alguns dados do cliente já estarão "nas mãos" do responsável por reservas.

Procure atender a seus hóspedes em, no máximo, **10 minutos**. Quando o hotel for de categoria econômica, esse tempo deve ser ainda menor, pois o cliente irá cobrar **agilidade** e **praticidade**. Por isso, ficar em pé na recepção não seria algo agradável para ele. Muitas vezes, a recepção ficará cheia e você não conseguirá atender ao hóspede rapidamente. Quando isso acontecer, mostre para ele que está ciente da sua presença e que em breve irá atendê-lo.

> A pior sensação que o hóspede pode ter é de **descaso**, de que não foi notado. Nessas horas, o contato visual é muito importante!

Além disso, **sorria sempre**! Essa é a forma mais cortês e gentil de receber seu hóspede.

Lembre-se:

> Você está na recepção para servir, atender bem e satisfazer o cliente.

Não basta ser ágil se você não tiver **simpatia**. Todo um conjunto de ações deve ser colocado em prática para agradar o cliente. Por isso, listamos a seguir as ações que você deve realizar para que o seu hóspede seja bem atendido:

1. Identifique-se ao hóspede e pergunte o nome e o sobrenome dele.

2. Imediatamente, verifique se ele já tem uma reserva e confirme todos os dados.

3. Como é uma exigência, o hóspede deve preencher a **ficha de hospedagem** — ou ficha Nacional de Registro de Hóspede (FNRH). Durante o preenchimento, agilize o processo de entrada do cliente no hotel. Nesse momento, você não deve conversar com o seu colega de recepção. Caso o hóspede não possua uma reserva, fique atento à ficha e pegue os dados principais para inserir no sistema. Assim, você diminui o tempo de espera do cliente.

4. Verifique todos os dados do hóspede, inclusive se ele tem algum documento que comprove a reserva, como um *voucher*.

5. Anexe todos os documentos à ficha do hóspede e guarde-os para uma consulta posterior sobre valores já pagos ou serviços inclusos na hospedagem.

> Sempre se dirija ao cliente pelo **nome** ou **sobrenome** e seja simpático. Além disso, sorria e olhe nos olhos dele, pois isso sugere **confiança**. Lembre que você deve conquistar a confiança de **cada hóspede**!

Informações como o funcionamento da internet, do serviço de quarto, do restaurante, do bar e de outros equipamentos (piscina, sauna, sala de jogos, academia, *Business Center*, entre outros), bem como o horário do café da manhã devem ser repassadas ao cliente no momento do *check in*. O funcionamento do telefone e, consequentemente, dos principais ramais, também é uma informação útil, por mais que o hóspede não grave tudo na memória na etapa do *check in*. Informe também o horário de finalização da diária e explique o funcionamento dos equipamentos que ficam dentro do quarto, caso não haja ninguém para acompanhar o cliente até o quarto.

Conforme o procedimento padrão do seu hotel, encaminhe o cliente até o quarto ou solicite que o mensageiro o leve. Se você o fizer, mantenha uma **conversa amigável** no caminho. Falar sobre a cidade – abordando curiosidades e sugestões turísticas –, e sobre o local de origem do hóspede é sempre interessante. Ao chegar no quarto, abra a porta e conduza-o para dentro, mostrando onde estão os principais equipamentos e alertando sobre os procedimentos do hotel. Além disso, mantenha a porta do quarto aberta enquanto permanecer no apartamento, seja breve nas explicações e pergunte se ele tem alguma dúvida. Por fim, agradeça a atenção, deseje uma boa estadia e retire-se do quarto, fechando a porta.

No caso de hóspedes sem reserva, as informações necessárias são solicitadas pelo funcionário no momento do *check in*. Seja atencioso e responda tudo o que o cliente perguntar. Além disso, tire todas as dúvidas dele, pois é nesse momento que ele decidirá se irá ou não ficar no hotel em que você trabalha. Diante disso, a informação mais importante que você deve ter é se o hotel realmente dispõe de uma vaga para o cliente em questão. Por isso, é muito importante saber como estão as reservas do dia, que horas devem chegar os hóspedes e se algum cliente irá realizar o *check out* em breve. No caso de o hóspede optar por permanecer no hotel, todo o procedimento de *check in* deve ser seguido da maneira mais ágil possível.

Assim, é importante que você aja rapidamente para disponibilizar a ficha e o registro do hóspede no sistema do hotel. Dessa forma, todos os setores do estabelecimento poderão ter acesso aos dados do cliente e fazer os devidos lançamentos em caso de consumo.

Alguns hotéis ainda utilizam um registro chamado de **livro de recepção**, em que são anotados diariamente os horários de entrada e saída dos clientes, além de uma série de dados complementares que são fundamentais para a boa comunicação dentro do hotel. Essas informações normalmente incluem o número do apartamento, o nome do cliente, quantas pessoas estão hospedadas no hotel, qual foi a tarifa paga e qual é a previsão de saída.

Grupos de turistas

Uma particularidade é o *check in* de **grupos de turistas**. Nesses casos, toda a equipe deve estar bem informada para poder proceder de forma **organizada** e **rápida**. Também é importante que a governança seja informada sobre o grupo com antecedência para poder reservar apartamentos mais próximos uns dos outros e deixá-los liberados antes que os turistas cheguem.

Nesse contexto, deixar os apartamentos de acordo com a solicitação feita é muito importante. Por isso, verifique sempre se todos os quartos atendem às exigências estabelecidas pelo setor de reservas e comunique à governança sobre qualquer necessidade especial. Saber da reserva de um grupo de turistas com antecedência ajudará você a organizar os *check in* anteriores, justamente para liberar quartos mais próximos uns dos outros antes da chegada do grupo. Esse é um processo que requer **tempo** e **experiência**, mas que, depois de aprendido, é feito com facilidade.

Para agilizar o registro dos clientes, o hotel pode encaminhar ao responsável pelo grupo as fichas de hospedagem antecipadamente e solicitar que elas sejam retornadas com alguns dias de antecedência. Assim, o recepcionista já pode preencher tudo antes de os hóspedes chegarem. Essa é uma forma de organização que agrada a todos!

Nos casos em que a reserva é feita por uma **agência**, normalmente as despesas maiores (hospedagem, alimentação) são pagas antes, sendo que a agência, em conjunto com o hotel, emite um *voucher* com todos os dados. Dessa forma, é função do recepcionista solicitar e verificar todos os *vouchers* para que ninguém fique hospedado sem ter adquirido esse direito.

Em casos de grandes grupos, o chefe de recepção ou o gerente podem remanejar alguns funcionários para que estes realizem o atendimento. Em algumas dessas situações, é recomendável que o processo seja feito em um espaço à parte, para não tumultuar a entrada dos demais hóspedes do hotel. Em casos excepcionais, pode ser marcado um horário específico que não coincida com os momentos de "pico" de entrada de pessoas no hotel.

Hóspede VIP e casos especiais

Um **hóspede VIP** é alguém que frequenta determinado hotel com maior assiduidade ou uma pessoa de renome no mercado nacional ou internacional. Pode ser um cantor, um artista, um político ou um indivíduo a quem foi solicitado um tratamento especial. Isso não quer dizer que os outros hóspedes não recebam atenção, mas esse, em especial, dispõe de uma atenção diferenciada. Por isso, normalmente todos os setores do hotel são avisados antes da chegada desse cliente.

Além disso, nesses casos pode ser solicitado algum tratamento especial no quarto, bem como refeições diferenciadas ou mesmo pequenas cortesias, como uma cesta de frutas, uma tábua de frios, flores, uma garrafa de vinho ou até mesmo um espumante. Em algumas situações, o próprio gerente do hotel opta por estar presente no *check in* do hóspede VIP.

HOSPEDAGEM

Em todo processo de hospedagem, o recepcionista acaba virando uma **referência** para o cliente. Por estar sempre em seu posto e ser localizado com facilidade, esse profissional é a pessoa que tem maior **contato** com os hóspedes. Como já vimos nos itens anteriores, procurar atender às necessidades do cliente e tirar suas dúvidas, bem como superar as expectativas dele, são **tarefas diárias** do recepcionista de hotéis.

Entre as atribuições desse profissional durante a hospedagem, algumas ficam mais evidentes, como o fornecimento de dados ao hóspede, que envolve desde itens simples – como informações sobre a localização do hotel e sobre os quartos –, até as mais complexas.

Saber comunicar-se e ser entendido também são requisitos muito importantes. Por isso, falar com a cabeça erguida e pausadamente, em um tom de voz audível, mas não muito alto, são características importantes para que o recepcionista consiga comunicar-se bem. Ter conhecimento sobre o que você está dizendo também é importante, pois o hotel não ficaria em uma situação confortável se determinado cliente recebesse uma informação errada da recepção.

Considerando essa perspectiva, vamos conferir alguns tipos de informações solicitadas e serviços prestados enquanto o cliente estiver hospedado no hotel.

Informações do hotel

Como foi dito anteriormente, conhecer o hotel em que você trabalha e seus colegas é essencial. Isso porque, frequentemente, os hóspedes irão lhe perguntar sobre características e funcionalidades do estabelecimento em questão. A seguir, citamos alguns itens que são constantemente solicitados pelos clientes:

Para responder satisfatoriamente às perguntas do hóspede, mostre-se interessado em resolver o problema dele, além de demonstrar que você parou os seus afazeres para lhe dar atenção pelo tempo que for necessário. Nunca responda nada rapidamente ou andando. Pare, olhe nos olhos do cliente, escute-o, pergunte se tiver dúvidas a respeito do que ele quer saber, responda pausadamente e dê exemplos, se necessário. Seja atencioso com cada cliente, independentemente do perfil dele!

Custos de outros itens (estacionamento; café da manhã; utilização de serviços como lavanderia, spa, salão de beleza, guarda volumes; aluguel de equipamentos; internet; telefonia; alimentação etc.)

Itens que estão inclusos na diária.

Horário de funcionamento do serviço de quarto.

Horário de saída do hotel (check out).

Horário de funcionamento de cada área do hotel, como academia, piscina, *business center*, lavanderia etc.

Horário do café da manhã.

Localização de serviços dentro do hotel.

Serviços relacionadas a eventos do hotel.

Informações da região
(entorno do hotel e cidade)

Normalmente, o hóspede não reside na cidade onde está hospedado. Na maioria das vezes, ele é um turista, ou está na cidade a trabalho. Por isso, em seu tempo vago, ele quer conhecer a **cultura do local** e visitar pontos turísticos que o interessem. Sendo assim, você será questionado sobre diversos assuntos, sobre os quais deve **ter domínio**, entre eles os serviços disponíveis próximos do hotel e os pontos turísticos da cidade. Na lista a seguir, estão alguns dos itens que você deve conhecer. Caso não sejam do seu conhecimento, procure saber um pouco mais sobre eles. Questione seus colegas e informe-se com o setor de turismo de sua cidade. Faça o que for possível para **atender bem** ao seu cliente!

- Locais para compras (*shopping center*, mercados, supermercados, Mercado Público, feirinhas etc.).

- Locais de lazer próximos (cinema, teatro, *shopping center*, museus etc.).

- Espaços de apoio ao turismo nos arredores do hotel, como restaurantes, outros hotéis etc.

- Eventos e acontecimentos que estejam previstos.

- Facilidades próximas ao hotel (farmácias, bancos, hospitais, escolas, casa de câmbio, locais religiosos, agências de viagem, restaurantes, bares, cafeterias, casas de lanches, panificadoras, mercados, supermercados, estabelecimentos para aluguel de carros etc.).

- Sistema de transporte público e pontos de acesso perto do hotel.

- Atrações turísticas da cidade e formas de se chegar até elas.

Correspondências

Muitos hóspedes ficam em hotéis a trabalho. Nesses casos, muitos deles utilizam o **serviço de correspondência** para poder receber documentos, encomendas e cartas. Por ser o local de entrada do hotel, a recepção reúne um sistema de comunicação — tanto interna quanto externa — para todo o hotel. Cartas para hóspedes, recados para funcionários, encomendas, enfim, tudo isso passa pela recepção!

Por isso, você deve estar atento e passar o que for solicitado para o hóspede o mais **breve possível**, pois pode se tratar de uma informação valiosa e importante para ele.

No caso de envio de fax por parte do hóspede, a política do hotel deve determinar se existirá ou não **cobrança** sobre o serviço. De qualquer forma, o procedimento de envio deve ser feito preferencialmente na presença do hóspede, para que ele acompanhe o processo. Ao final, o documento original e o comprovante de envio devem ser entregues ao cliente. Caso seja necessário um pagamento, um pequeno comando deve ser feito discriminando o serviço proposto, sendo que o mesmo deve ser assinado e guardado nos **registros do cliente**.

Se uma correspondência chegar a um hóspede que já encerrou sua estadia no hotel, esta deve ser encaminhada para o **endereço de registro**, fornecido por ele no momento do *check in*. Manter os dados do hóspede atualizados é muito importante em casos como esse.

Nunca mantenha informações dentro da recepção. Caso termine seu turno e o hóspede ainda não tenha chegado para receber uma correspondência, comunique isso ao seu colega do turno seguinte e solicite que ele proceda com a entrega o mais rápido possível.

Os recepcionistas de hotéis recebem também mensagens por telefone e recados tanto para os hóspedes quanto para os seus colegas de trabalho. Quando a mensagem é para um cliente, muitos hotéis dispõem de um mural ou televisor que pode informar, por exemplo, que o hóspede do quarto X possui uma mensagem. Ele, então, se dirige até a recepção e solicita a sua mensagem, que lhe é entregue, geralmente, em um **formulário de mensagem** preenchido. A seguir, há um modelo de formulário com algumas das informações importantes que devem ser coletadas. É importante lembrar que cada hotel tem um padrão de trabalho, portanto, é possível que haja variações.

HOTEL PLAZA

RECADO
De:
Para:
Apto:
Data:
Mensagem: Hora:

Recepcionista:

Formulário de mensagem

Cartões e chaves

Faz parte das atribuições do recepcionista **cuidar das chaves** ou dos **cartões de acesso** aos quartos enquanto o hóspede não estiver no hotel. Ao sair, este deixa as chaves na recepção e as pega novamente ao retornar ao estabelecimento. Assim, o hotel tem um controle dos hóspedes que estão dentro e fora do local. Isso é importante para que a equipe de governança possa organizar a arrumação diária dos apartamentos.

Por possuírem uma **chave mestra**, as camareiras de cada andar podem entrar e sair dos quartos quando necessitarem. Assim, é importante que elas tenham acesso aos quartos que estão sem ninguém para que possam fazer a arrumação e a limpeza desses locais. Quando uma chave ou um cartão é deixado na recepção pela manhã, a camareira do andar ou a governanta deve saber se o quarto está livre para ser arrumado. Essa informação é passada pela **recepção**.

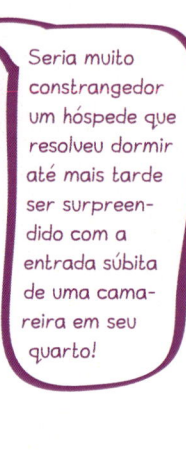

> Seria muito constrangedor um hóspede que resolveu dormir até mais tarde ser surpreendido com a entrada súbita de uma camareira em seu quarto!

Ao final do dia, é importante que a equipe do turno da noite faça um levantamento e um controle das chaves que estão na recepção, mesmo que os hóspedes ainda não tenham feito o **check out**. Além disso, a equipe precisa verificar se os clientes deixaram informações sobre um passeio mais longo ou sobre a possibilidade de pernoitarem em outro local. Em casos raros, o hóspede chega até a ausentar-se sem efetuar o pagamento das taxas e do consumo. Por isso, deve ser feito diariamente um relatório com **informações relevantes** sobre os hóspedes.

Objetos no cofre

Muitos hotéis contam com **serviço de cofre** para os clientes que queiram guardar algum item de maior valor no período em que estiverem ausentes do quarto ou mesmo durante o período da estadia. Em alguns hotéis, esse cofre é maior e fica na parte administrativa ou na recepção. Em outros casos, há pequenos cofres dentro dos apartamentos — opção que tem sido bastante difundida nos últimos anos. Esses cofres são individuais e devem ser **liberados pela recepção**.

Os hotéis não se responsabilizam por itens de valor que estejam dentro do apartamento, a não ser que eles estejam dentro do cofre. Por isso, é importante avisar o hóspede, assim que este chega ao hotel, que o estabelecimento dispõe de serviço de cofre.

Se o hotel em que você trabalha conta com um cofre coletivo, tenha cuidado com o registro dos itens de valor. Mas como se dá esse processo?

Os itens são entregues à equipe da recepção, que trata de embalá-los em um recipiente específico ou em um envelope.

O recepcionista responsável preenche um formulário de duas vias, descrevendo os objetos que estão sob a guarda do hotel. Uma delas fica com a peça que foi guardada, e a outra, com o cliente.

É possível que o hóspede realize o *check out* e esqueça determinado item de valor no cofre. Com o uso do livro de controle, fica mais fácil detectar o problema antes de o cliente ir embora. Caso isso não seja possível, você deverá contatar o hóspede em seu endereço e telefone e perguntar como ele prefere que o item seja devolvido. Por se tratar de um objeto de valor, não convém que você o envie por correio, mediante carta simples ou registrada. Recomendamos que o item seja enviado via **Sedex**, mas vale ressaltar que há também outras formas de envio monitorado.

Se o hotel conta com cofres individuais, o procedimento padrão é orientar o hóspede sobre a maneira correta de utilização do aparelho. Ao final da estadia, a camareira deve verificar se o cofre está trancado ou liberado. Para facilitar esse processo, é solicitado ao cliente que deixe o cofre aberto após a sua permanência no hotel.

Quando o hóspede solicitar a retirada do item, este será buscado por meio do número do protocolo de registro.

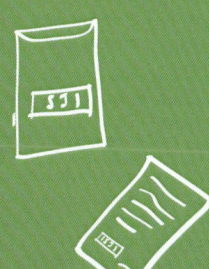

Dessa forma, preencher um livro de controle ou um arquivo eletrônico ajuda no **controle dos itens** que estão no cofre!

Mudanças no apartamento

O hóspede pode solicitar mudanças no apartamento, como a substituição de uma cama de casal por duas de solteiro ou o acréscimo de uma cama, por exemplo. Em alguns casos, até a troca de quarto pode ser pedida. Entre os motivos que podem levar a isso, estão o não funcionamento de equipamentos e o fato de as instalações do quarto não serem compatíveis com o que o hóspede esperava.

Nesses casos, o recepcionista deve tentar compreender o real motivo da mudança e **fazer o possível** para atender à solicitação do cliente, colocando-o em um quarto que possa atender às suas expectativas. Dessa maneira, se houver alguma mudança no **valor da tarifa**, ela deve ser informada ao hóspede **imediatamente**.

Curiosidades

Você sabia que, sa Suécia, existe um hotel todo feito de gelo? Todos os anos, o estabelecimento, que se chama Icehotel, precisa ser reconstruído, já que se desmancha com a chegada do verão. Imagine dormir a **-8°C** de temperatura!

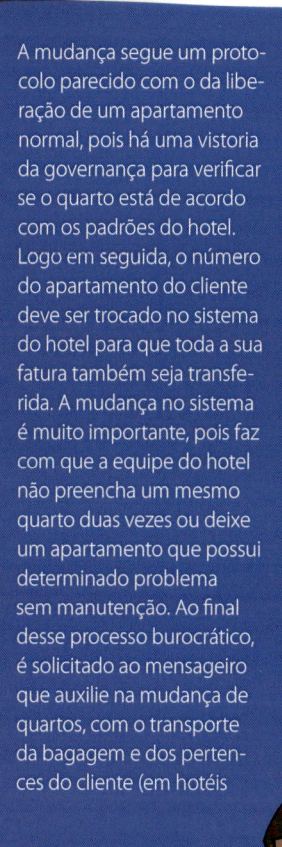

A mudança segue um protocolo parecido com o da liberação de um apartamento normal, pois há uma vistoria da governança para verificar se o quarto está de acordo com os padrões do hotel. Logo em seguida, o número do apartamento do cliente deve ser trocado no sistema do hotel para que toda a sua fatura também seja transferida. A mudança no sistema é muito importante, pois faz com que a equipe do hotel não preencha um mesmo quarto duas vezes ou deixe um apartamento que possui determinado problema sem manutenção. Ao final desse processo burocrático, é solicitado ao mensageiro que auxilie na mudança de quartos, com o transporte da bagagem e dos pertences do cliente (em hotéis econômicos, o próprio hóspede realiza a mudança). Em algumas situações, o próprio recepcionista realiza a mudança.

Vale lembrar que o cliente deve ficar **satisfeito** com a mudança, sendo que o ideal é que ela ocorra sem traumas ou reclamações.

> Mudanças de apartamento são delicadas e devem ser resolvidas com muita atenção, pois podem mudar a visão do hóspede sobre o hotel.

Estacionamento

Devido a uma lei, os hotéis precisam contar com um estacionamento para os clientes. Este pode ser cobrado ou não, dependendo da filososfia do estabelecimento. Em caso de haver cobrança, isso deve **ficar claro** para o cliente.

Quando o hóspede opta por deixar o carro no estacionamento do hotel, os dados do veículo devem fazer parte do **cadastro de hospedagem**. Isso é importante para que a vaga seja preenchida dentro de um sistema de controle de vagas do estacionamento, sendo cobrada posteriormente, de maneira adequada. Além disso, o registro do carro é importante no momento em que o veículo é solicitado ao manobrista. Diante desse contexto, é válido dizer que o cliente tem o direito de solicitar o carro ou ter acesso a ele **quantas vezes forem necessárias**.

Independentemente de o estacionamento ser gratuito ou pago, assim que o carro estiver sob a guarda do hotel, será responsabilidade do estabelecimento mantê-lo nas mesmas condições em que se encontrava no momento da chegada do hóspede.

> VALET PARKING
> Hóspedes do Hotel

> Portanto, muito cuidado com os pertences deixados dentro dos veículos. Tome cuidado também com riscos, amassos e outros danos que possam acontecer!

Conservação da recepção e manutenção das unidades habitacionais

Os apartamentos de um hotel podem ser chamados de **quartos**, **apartamentos** ou **unidades habitacionais** (ou UH). Nesse sentido, a manutenção dos apartamentos e dos equipamentos que estiverem dentro deles pode ser de responsabilidade do **recepcionista**, sendo que solicitações de reparos devem ser feitas assim que problemas forem detectados. Em alguns hotéis, no entanto, quem cuida disso é a governança. Se a manutenção for responsabilidade da recepção, a realização do reparo deverá ser supervisionada por um recepcionista. Se estiver tudo ok, o quarto poderá ser liberado.

A manutenção dos equipamentos, bem como dos móveis da recepção é de responsabilidade do gerente de recepção e de sua equipe. Dessa forma, cada funcionário deve atentar para que o seu ambiente de trabalho esteja **limpo** e **organizado**. Caso haja algum estrago, este deve ser comunicado. Assim, as providências adequadas poderão ser tomadas. Em caso de mobília danificada, é recomendável a **substituição imediata**, pois móvel feio e danificado no hotel não "cai" bem.

Além disso, os **equipamentos de informática** têm se tornado fundamentais para o controle e o bom andamento de um hotel. A facilidade de comunicação e manutenção desses aparelhos faz com que o processo de registros dos hóspedes, com suas respectivas despesas e observações, seja mais **ágil**. Porém, equipamentos de informática também são passíveis de **defeitos**. Por isso, devemos cuidar para que eles estejam sempre protegidos contra vírus da internet e outros problemas, como queda de energia etc.

Reclamações

Por ser o primeiro local de contato com o hóspede, a recepção é uma espécie de canal de **reclamação**. Normalmente, essas reclamações são feitas pessoalmente ou por telefone, mas podem ser estimuladas também por meio do preenchimento de **questionários de satisfação**. Dessa forma, o profissional que verifica essas reclamações deve ter paciência e respeitar o cliente, além de fazer o possível para resolver o problema dele.

Para que isso aconteça, damos algumas **dicas**:

1. Escute o problema com atenção e não conteste as colocações do cliente até que ele termine a sua explicação.

2. Procure anotar pontos importantes da reclamação para dar maior base para uma possível solução.

Como representante do hotel nesse momento, aja para manter a boa imagem da empresa. Se achar pertinente, peça **desculpas** pelos inconvenientes, mas já tente sugerir alguma melhoria ou solução para o que lhe for apresentado. Caso você não esteja apto a solucionar o problema, deixe claro ao cliente que irá transmitir a reclamação ao gerente ou a outro responsável. Além disso, diga ao hóspede se o problema será solucionado logo ou não, dando a ele um **prazo** para que a situação seja resolvida. Depois, seja coerente e faça de tudo para cumprir o prazo, pois a confiança do cliente estará em jogo!

Para informar o hóspede sobre o andamento do processo, **mantenha contato** com ele e **sinalize** qualquer mudança que aconteça em relação a prazos ou soluções. No final do processo, é importante que o problema tenha sido resolvido e que o cliente perceba isso. Sendo assim, é importante que você confirme com ele se a solução foi satisfatória. Se o problema for mais grave ou tiver tomado muito tempo para ser resolvido, é interessante que o recepcionista faça um **pequeno relatório** da situação, para registro e análise.

3 Se o cliente estiver exaltado e a reclamação for de natureza grave, procure levá-lo a um ambiente reservado, onde possam conversar em particular. Se o cliente se exaltar, tenha calma. Ele estará reclamando do hotel e não de você. Respeite o momento de fúria do hóspede e tenha a consciência de que, após o desabafo, ele irá se acalmar.

Por isso, não há necessidade de você discutir com o cliente, muito menos na frente de outros hóspedes!

CHECK OUT

Antes que o processo de hospedagem seja finalizado, o cliente precisa encerrar a sua estadia no hotel. Essa etapa inicia-se quando o hóspede se dirige à recepção, entrega as chaves do quarto e solicita o encerramento da conta. Em seguida, um mensageiro pode ser enviado ao apartamento para auxiliar na retirada dos pertences do cliente.

Além disso, uma camareira deve ser avisada para que proceda com a vistoria do quarto e verifique os últimos consumos do hóspede. Nesse meio tempo, o recepcionista precisa conversar com o hóspede e informar que sua conta está sendo fechada e que em breve ele terá os valores em mãos. Para entreter o cliente e obter informações sobre a estadia, questione se a mesma foi agradável e se tudo que o hóspede solicitou foi realizado. Se existirem comandas de consumo de frigobar, restaurante(s), bar(es) ou de qualquer outra facilidade do hotel (salão de beleza, massagem, spa, compras em lojas etc.), faça o levantamento dos dados e lance os itens que estiverem faltando. Se o processo com a governança demorar mais do que o esperado, pergunte ao próprio hóspede se houve consumo de última hora do frigobar. Em seguida, faça os lançamentos que forem informados e encerre a conta do cliente, apresentando-lhe uma fatura detalhada dos serviços para que ele possa **analisar** e **aprovar** os gastos.

Em caso de dúvidas, não deixe de consultar o seu gerente!

Aqui, é importante fazer um **parênteses**: o hóspede é responsável por quaisquer danos dentro do quarto. Por isso, a camareira deve agir rápido para verificar os consumos do frigobar e toda a estrutura do apartamento, inclusive os pequenos itens. Caso algum objeto esteja faltando, o cliente deve ser informado de forma **sutil**. Em alguns hotéis, se o desaparecimento for confirmado, há o princípio de não se questionar a palavra do cliente para que não haja uma situação constrangedora.

Após todas as formalidades, verifique com o cliente a forma de pagamento e proceda com sua efetivação. Enquanto o hóspede estiver finalizando o pagamento, imprima a **nota fiscal** dos serviços prestados. É importante citar que diversas formas de pagamento são aceitas, sendo as mais tradicionais os cartões de crédito e débito, dinheiro em espécie ou *vouchers* com comprovação de pagamento antecipado, mas nada impede que o cliente possa pagar com cheque ou moeda estrangeira. Nesses casos, bem como quando o cliente pede que a conta seja faturada em nome de determinada empresa, devem ser seguidos os **procedimentos do hotel**.

Finalize o atendimento com uma **saudação** que expresse a sua vontade de ver o cliente novamente no hotel e agradeça a escolha pelo estabelecimento onde você trabalha. Em seguida, despeça-se de forma **cordial** e **formal**, desejando uma boa viagem ou um bom retorno para casa, se for o caso.

Check out de grupos

Como, na maioria dos casos, os grupos adquirem a hospedagem mediante **agências de viagem**, normalmente o fechamento da conta inclui apenas os itens de consumo de frigobar, refeições em restaurantes e gastos em bares. Em alguns casos, o guia do grupo opta por um **fechamento coletivo**, em que as despesas extras são pagas pela empresa de turismo. Além disso, se o consumo individual foi muito alto, o guia deverá ser informado.

Diante dessas possibilidades, consulte o guia do(s) grupo(s) para saber como proceder.

Novamente, ressaltamos que o contato com outros setores do hotel é fundamental para que tudo ocorra de forma **harmoniosa**. Dessa maneira, a governança e o restaurante devem ser consultados sobre as despesas do grupo de forma **rápida**. O serviço dos mensageiros também é de grande importância no *check out* de grupos de turismo, pois visa agilizar o processo de saída dos hóspedes.

Horários e taxas extras

Cada estabelecimento possui um sistema de tratamento no que diz respeito ao horário de *check out*, mas, em geral, ele pode ser feito até as **12h**. Quando esse horário é cumprido, é cobrada a **taxa normal** de hospedagem da UH em questão. Quando o cliente faz o *check out* entre às **12h** e às **16h** ou, às vezes, às **18h** – dependendo do estabelecimento –, é cobrada uma taxa de permanência inferior ao valor da pernoite total. Nesses casos, o hóspede deve ser informado. Já quando o horário de saída **excede** esse tempo de tolerância, é cobrada uma **nova diária**.

Em algumas situações, o hóspede pode solicitar, a qualquer momento de sua estadia, um *late check out*. Esse recurso é utilizado quando o cliente pretende ficar no hotel por mais algumas horas após o período normal de saída (12h), sem ser **cobrado** por isso. Quando se tratar de um cliente especial ou mesmo quando o hotel tiver disponibilidade, tal cortesia poderá ser atendida pela gerência, com a intenção de **cativar** o hóspede em questão.

Ser criterioso nessas horas é importante, pois o cliente deve saber que esse não é um procedimento padrão do hotel, e que, portanto, está sendo aberta uma **exceção**. O hóspede também deve ser informado sobre o novo horário limite do seu *check out* (que pode variar, mas, dificilmente, passa das **16h**).

CONTABILIDADE

É dentro da recepção do hotel que se concentram diversas informações sobre as **contas** do estabelecimento. As receitas geradas são, na grande maioria das vezes, pagas na recepção. As exceções são os **eventos**, que possuem um pagamento **diferenciado**.

De qualquer forma, é responsabilidade da recepção coordenar as contas dos hóspedes e manter as informações atualizadas e em sintonia com todas as áreas do hotel.

Antigamente, as cobranças de bar, frigobar, cozinha, copa, serviço de quarto e restaurantes, além de facilidades como massagens, spa, salão de beleza etc., eram lançadas diretamente na recepção. Entretanto, com o advento da tecnologia, cada setor tem sido responsável por lançar as despesas relativas ao seu centro de custos, o que facilita o mapeamento da geração das receitas dentro do hotel. Mesmo assim, é na recepção que as contas são criadas e que os dados são inseridos dentro do sistema.

COMO ABRIR UMA CONTA?

Nesse momento, você deve estar imaginando como é o procedimento de abertura da conta de um cliente. Obviamente, a conta é aberta apenas quando o cliente se **hospeda** no hotel, no momento do **check in**. Assim, cada item consumido pelo hóspede gera uma **nota de despesa** que será controlada pela recepção e que, basicamente, deve conter dados como o nome e o sobrenome do cliente e o número da UH que ele ocupa (assim que o cliente é registrado como hóspede, esse é o seu número de identificação), além dos dados cadastrais que já constam no sistema, como **endereço** e **contatos**. Normalmente, todas as despesas são assinadas no momento de entrega do produto ou serviço, sendo isso uma garantia de que a despesa de fato ocorreu.

Nesse contexto, é importante citar que os sistemas costumam ser totalmente confiáveis, caso sejam **alimentados corretamente**. Dessa forma, cuide para que as informações sejam bem armazenadas, evitando problemas posteriores.

Quando a conta do hóspede **extrapola** um valor estipulado, o mesmo é convidado a fazer um **fechamento parcial** da conta. Tal procedimento é utilizado para impedir que valores muito altos sejam **ignorados** por pessoas de má índole, que queiram se aproveitar e não paguem a conta. Geralmente, esse procedimento está descrito nas **normas internas** do hotel e é disponibilizado para o hóspede em locais visíveis da recepção ou em materiais institucionais dentro do quarto.

O pagamento da conta deve ser **registrado no sistema** para que não haja duplicidade de cobrança.

> Esteja sempre atento para proceder da forma correta, levando em consideração as normas do hotel onde você trabalha!

FECHAMENTO DE CAIXA

Ao final de cada turno, um recepcionista é incumbido de fechar os **caixas** da recepção. Em alguns casos, cada recepcionista é responsável por fechar o seu caixa, porém, em boa parte dos hotéis, apenas uma pessoa pode movimentar os valores, o que faz com que o controle seja mais **apurado**.

Durante o fechamento do caixa, é emitido um **relatório**, com toda a movimentação do dia. Essa é a hora de verificar se a entrada de dinheiro **equivale** ao que aponta o sistema. Para isso, são contados todos os valores que "entraram" no caixa. Além disso, esses valores são discriminados por **tipo de pagamento** (cartão de crédito e débito, dinheiro em espécie, *voucher*, cheque faturado etc.). Por fim, é feita a **conferência** com o que foi emitido.

> Analise isso com cuidado, pois a diferença financeira pode acabar saindo do seu próprio bolso! Afinal, zelar pelo caixa é uma responsabilidade sua.

Se o caixa "bater", é só assinar o relatório, fechar o malote com os valores, lacrá-lo, anotar o número do lacre em um livro de registro de caixa com a assinatura do responsável e guardar o malote no **cofre do hotel** ou **encaminhá-lo ao setor responsável**.

Em alguns casos, o caixa não fecha. Quando isso acontecer, o recepcionista deverá revisar todos os valores dos turnos para ver se algum ficou pendente ou foi retirado sem registro, ou ainda se o lançamento foi feito de forma errada. Descontos e consumos que podem não ter sido feitos são alguns dos fatores que provocam **furos** no caixa.

CHECK ✓ LIST

1. Qual é a importância dos serviços para a hotelaria?

2. Qual é o processo para abrir a conta? — pg. 101

3. Como o recepcionista deve proceder com uma **reclamação**? — pgs. 94 e 95

4. Quais são as diferenças entre **produto** e **serviço**? Explique com suas palavras **quatro** dessas diferenças. — pgs. 61, 62 e 63

◆ pgs. 82 e 83

Que informações o recepcionista deve ter para desempenhar bem a sua função? Descreva rapidamente algumas delas e discorra sobre a sua importância. ⑤

Descreva o papel da recepção em cada uma das fases listadas: ⑦

Reservas

Check in

◆ pgs. 67, 72, 80, e 96

Hospedagem

Check out

◆ pgs. 102 e 103

De quem é a responsabilidade de fechar o caixa? Explique como ocorre esse procedimento. ⑧

⑨ **Como devem ser realizados o check in e o check out de um grupo de turistas?**

◆ pgs. 77, 78 e 98

HABILIDADES E COMPETÊNCIAS DE UM RECEPCIONISTA

Talvez este seja o capítulo mais delicado deste livro, pois trata de **qualidades** que devemos ter para podermos SERVIR BEM. São qualidades simples e diretas, que podem nascer conosco ou serem aprendidas durante a vida, mas que só são assimiladas e reproduzidas por aqueles que possuem a capacidade de servir dentro de si. Portanto, não possuir alguma dessas qualidades não constitui uma falha, já que as mesmas podem ser desenvolvidas. Basta ter vontade de servir bem os clientes!

QUAIS SÃO AS QUALIDADES NESCESSÁRIAS PARA UM RECEPCIONISTA?

Quando nascemos, trazemos conosco características que são **individuais**. Junto delas, há também algumas que herdamos de nossos pais, de nossos avôs e de nossos antepassados. Muitas vezes, adquirimos também características de um povo ou de uma região.

São todas essas peculiaridades, além de tudo o que acabamos aprendendo durante a vida, que nos **moldam** e fazem com que tenhamos um determinado **perfil**. Isso acaba, inclusive, influenciando as nossas **vocações**.

Diante disso, as habilidades que desenvolvemos são fundamentais para que possamos **escolher** a nossa **profissão**.

Saber compreender a sua personalidade e direcionar o seu crescimento de forma estratégica para um **objetivo** é o ponto de mudança mais importante para o desenvolvimento de uma vida pessoal e profissional de sucesso. Não é fácil compreender a si mesmo e admitir as suas falhas, mas é por meio desse pensamento que você conseguirá desenvolver uma carreira promissora.

Além de admitir as suas falhas, é importante que você tenha consciência daquilo que faz bem e que gosta de fazer! Dessa maneira, ser **assertivo** na escolha da carreira não significa contar com a sorte, mas sim desenhar um projeto de vida e de desenvolvimento profissional e pessoal!

> *Ir contra essas habilidades é uma forma de ir contra o **nosso sucesso**. Temos que saber aproveitar todas as habilidades que possuímos!*

Como já foi dito, o ambiente em que vivemos e crescemos também influencia no desenvolvimento de nossas habilidades e características pessoais.

Você já viu como uma árvore cresce mais vistosa e forte depois de ser podada? Pois é! Ela passou por uma situação de desafio, de dificuldade, que a fez crescer. Assim somos nós, que amadurecemos com as dificuldades e desafios que encontramos na vida. Basta sabermos aproveitar esses problemas e não amolecer e desistir na primeira complicação que a vida nos trouxer.

Durante esse processo, percebemos, muitas vezes, que existem algumas habilidades que não possuímos, mas que seriam importantes para o nosso crescimento. Cabe a nós desenvolvermos tais habilidades, a fim de que, com o tempo, alcancemos o sucesso que desejamos. Para que isso aconteça, antes precisamos reconhecer as nossas falhas e defeitos. Depois, temos que detectar que virtudes são importantes para o nosso desenvolvimento pessoal e profissional.

Cada vez mais, as habilidades e competências têm sido introduzidas no mercado de trabalho, substituindo o conhecimento técnico específico. Hoje em dia, dentro da formação profissional, já existem alguns tipos de ensino que levam em consideração esses aspectos durante a avaliação dos alunos. Por exemplo: temos os cursos de tecnólogos, que não dão mais notas para o aluno, e sim avaliam o desenvolvimento de competências no decorrer de várias etapas. Assim, um aluno que não sabe nada sobre determinado conteúdo tem um tempo determinado para,

Por exemplo: de nada adianta uma pessoa desejar ser um grande chefe de cozinha se não consegue limpar um peixe, pois sente nojo. Essa é uma necessidade da profissão, e esse indivíduo precisa superar seus limites, caso trabalhar nessa área seja o seu sonho.

junto com o professor e os colegas, desenvolver essa competência.

Mas o que é uma **competência**? E qual a diferença entre **competência** e **habilidade**? Ainda existem, nesse contexto, mais duas definições que são importantes: a de *talento* e a de *características pessoais*. É a mistura de todos esses conceitos que forma o nosso **perfil pessoal** e **profissional**, portanto, é importante que conheçamos o significado de cada um deles para que possamos desenvolver aquilo que precisamos para sermos **bons profissionais**.

Agora, iremos estudar cada caso para que possamos conhecer os requisitos que um bom profissional do ramo da hotelaria precisa ter.

HABILIDADES

Habilidade é a capacidade técnica que a pessoa possui para realizar alguma **tarefa** ou **trabalho**. Esta normalmente é desenvolvida mediante o ensino da teoria e da prática. Um exemplo disso é o **ato de dirigir**. Ninguém nasce sabendo dirigir, mas aprende por meio de aulas práticas e teóricas. Dessa forma, boa parte dos trabalhos que fazemos é fruto das habilidades que desenvolvemos. Saber operar uma máquina, um computador e saber mexer em um *software* são algumas das habilidades que desenvolvemos com o passar do tempo.

Não podemos considerar uma habilidade como se esta fosse um dom, pois todos nós podemos desenvolver habilidades. A facilidade com que isso acontece faz com que sejamos mais propensos a algumas atividades do que a outras. É aí que descobrimos a nossa **vocação**, o nosso **dom**

Nesse momento, você deve estar se perguntando: e que habilidades eu preciso ter para trabalhar bem em um hotel? Quais são as tarefas que devo aprender e quais os **passos** que devo seguir para ser um bom recepcionista?

Não são muitos passos e são fáceis de aprender. Eles são muito importantes para que o trabalho seja bem desempenhado. Vamos conhecê-los?

Informática

Ter conhecimentos de informática é uma habilidade muito importante. E não basta saber ligar e desligar um computador! Lembre-se que a recepção é um local de atendimento **ágil**. Por isso, você não pode falar para o hóspede que o computador tem um problema e que só poderá resolvê-lo com a presença de um técnico. Uma resposta dessas só pode ser dada em casos **extremos**. Além disso, a velha desculpa de que o sistema está com problemas ou fora do ar também não funciona. Para contornar esses casos, você precisa ter um treinamento sobre o sistema e sobre computadores.

Saber mexer nos principais sistemas operacionais do mercado, como Windows®, Linux e MacOS®, entre outros, é muito importante. Portanto, faça um curso e aprenda pelo menos o básico sobre eles para que você consiga atender o hóspede satisfatoriamente. Isso porque ele pode vir a relatar um problema, como, por exemplo, o fato de o *notebook* não conectar à internet *wireless* do local, sendo que ele precisa enviar um relatório urgente para o gerente dele. Em casos como esse, você precisa agir rápido e fazer com que o hóspede consiga cumprir o seu objetivo. No entanto, você só conseguirá agir corretamente nessas situações se conhecer alguns recursos de informática.

As pessoas podem se hospedar, portando qualquer tipo de equipamento eletrônico, no hotel onde você trabalha. Você não precisa conhecer detalhes de todos, mas saber a base de funcionamento deles é importante, sendo também um diferencial de trabalho. Em seu tempo vago, seja curioso, pesquise, informe-se. Caso não possa fazer um curso em uma instituição de ensino, compre um livro ou veja tutoriais de ensino na internet. Eles são muito fáceis de se mexer!

Saber trabalhar com os *softwares* mais comuns, como os editores de texto, de planilhas e de imagens, bem como com o *software* do hotel, é uma habilidade que você deve possuir. Conhecer o sistema do hotel e todos os seus recursos e funções ajuda a resolver problemas e a encontrar resultados de forma mais fácil e rápida. Além disso, esse domínio poderá ser importante quando uma **oportunidade de promoção** surgir dentro do hotel.

Uma outra habilidade relacionada à informática diz respeito à parte de *hardware*, que é a parte física do computador. Novamente, ressaltamos que você não precisa ser um técnico de informática, mas detectar problemas e apontar soluções rápidas é essencial. Nesse contexto, a internet é uma vasta **fonte de conhecimento** que pode ser usada para que você aprenda mais sobre esses recursos. Saiba ao menos quais são os elementos de um computador e como eles funcionam e interagem entre si.

Telefonia

Saber operar um telefone, transferir ligações, deixá-las em espera, fazer uma tele-conferência e usar os recursos de fax são ações muito úteis para o recepcionista.

Imagine a cena: você liga para um hotel querendo falar com um hóspede que é seu amigo ou parente. O telefonista atende ao telefone, lhe pede as informações necessárias (nome do hóspede, quarto em que ele se encontra, nome da pessoa com quem gostaria de falar, empresa etc.) e, ao passar a ligação, ela "cai".

Novamente você liga, tenta contato com o hóspede e a ligação "cai". Em uma terceira tentativa, o telefonista se desculpa, envergonhado pelo erro que cometeu, e diz que irá chamar alguém que possa "passar" a ligação para o hóspede. Essa situação é constrangedora, não é mesmo?

Situações como essa **não são uma exceção**. Existem diversos lugares onde os funcionários precisam desempenhar a função do telefonista quando este está de folga ou em horário de almoço. Por isso, deixar alguém esperando na linha, sem saber o que fazer; transferir a ligação para o ramal, setor ou quarto errado; não atender aos telefones, por não conseguir deixar uma chamada em espera; ou resgatar uma chamada em espera são alguns problemas que surgem nesse contexto.

Para evitar essas situações, leia o manual do telefone ou da central de telefonia do hotel e procure aprender mais sobre como esse sistema funciona e saber quais são os recursos do telefone que você utiliza. A maioria dos hotéis conta com um sistema de **ramais** que permite que as ligações sejam transferidas. Não há nada pior para um hóspede do que procurar ajuda para um problema e não conseguir ser atendido, certo? Portanto, seja **você** a pessoa que irá atender e resolver os problemas dele. Entretanto, de nada adianta ter boa vontade e saber resolver o problema se você não consegue atender à ligação do hóspede.

Lembre sempre que **atender aos telefones** também é uma função da recepção, sendo, inclusive, uma das ações mais desempenhadas pelo recepcionista. Essa é, portanto, uma habilidade necessária para que você seja um bom profissional. A **versatilidade** é fundamental para um bom recepcionista de hotel!

Comunicação

Saber comunicar-se não é apenas **saber falar**. Falar bem é importante, ainda mais quando nos comunicamos com pessoas por telefone ou pessoalmente. No entanto, a comunicação vai muito além de simplesmente "falar".

A comunicação em si está dividida em **sete elementos** que você precisa conhecer para que o seu trabalho seja bem realizado. Vamos lá?

EMISSOR: ①

é quem manda a mensagem — que pode ser escrita, falada ou simplesmente expressada por meio da linguagem corporal.

RECEPTOR: ②

é quem escuta ou recebe a mensagem transmitida — que pode estar ligada à visão, à audição ou ao tato. De nada adianta falar se ninguém estiver ouvindo, certo?

MENSAGEM: ③

é o conteúdo que está sendo transmitido — o conjunto de informações que é passado através de algum veículo ou canal de comunicação.

CÓDIGO: ④

é a combinação de caracteres, sinais ou elementos que usamos para fazer com que uma mensagem seja transmitida. É importante ressaltar que o receptor e o emissor precisam conhecer o **mesmo código**, caso contrário, a mensagem se perderá. Você já imaginou um recepcionista falando em português com um hóspede russo?

> Nesse caso, comunicação ficaria comprometida, pois os códigos são diferentes!

CANAL DE COMUNICAÇÃO: ⑤

é o "caminho" por onde a mensagem será transmitida. Essa mensagem pode estar escrita em um papel impresso – em um jornal ou em uma revista – e ser veiculada pela TV, pelo rádio, pelas cordas vocais, pelos sinais luminosos, pelo ar e por tantos outros.

CONTEÚDO: ⑥

é o assunto da mensagem, é ao que ela se refere e sobre o que ela trata. Também pode ser chamado de *referente*.

RUÍDO ⑦

são problemas na comunicação. É por culpa deles que a mensagem, muitas vezes, se perde ou se transforma. Você já tentou falar com alguém no meio de um *show* de *rock*? O ruído atrapalha, não é mesmo? Quando uma TV está com o sinal fraco, isso também é um ruído. Por isso, cuide para que, na sua comunicação, não existam ruídos.

Conhecendo os elementos da comunicação, fica mais fácil entender como podemos nos comunicar bem. Primeiramente, o emissor deve **conhecer** o conteúdo que pretende transmitir, bem como definir o código e o canal de comunicação que utilizará. Depois, ele deve fazer com que a mensagem seja **clara** e **simples** para o receptor. Ela deve estar, portanto, codificada de forma que tanto o emissor quanto o receptor compreendam o que estão transmitindo e recebendo, respectivamente. Sempre releia ou repense suas mensagens. Se for falar, **escreva** antes para ver se o texto ficou claro. Além disso, o emissor deve tomar cuidado com possíveis **ruídos** na comunicação, como outras pessoas e barulhos no ambiente, bem como com a possibilidade de a mensagem se perder pelo caminho e até mesmo ser modificada por outras pessoas, o que alteraria também o seu propósito.

Lembre-se que, na recepção, trabalha-se com *e-mails*, recados e atendimento, seja por telefone, seja pessoalmente. Isso quer dizer que o recepcionista usa a comunicação 100% do tempo dentro do ambiente de trabalho. Caso você tenha dificuldade em se expressar, existem cursos que trabalham com essa habilidade e transformam pessoas tímidas em verdadeiros palestrantes! Não tenha vergonha, essa é uma das etapas do seu crescimento profissional. Participar de rodas de bate-papo, cursos de teatro, ser orador na igreja e treinar com seus familiares são ações que lhe ajudarão a ter mais **traquejo** na hora de atender ao hóspede.

Além disso, é importante que você, como recepcionista, tenha a consciência de que deve **pensar rápido** e **falar devagar**, pois, assim, as pessoas não lhe surpreenderão com perguntas que você não saberá responder.

A comunicação começa antes mesmo de você abrir a boca. Ela se inicia quando o hóspede entra em **contato visual** com você. Por isso, existem alguns **códigos** de apresentação e de conduta que são importantes nesse sentido. São eles: vestir-se sempre adequadamente – com o uniforme bem passado e limpo; usar os cabelos presos e com gel, de forma que não fiquem soltos e caindo nos olhos ou no rosto; andar discretamente, sem fazer barulho, sem grandes gestos e sem atitudes extravagantes; falar sempre em um tom moderado, que possa ser ouvido pelo cliente, mas não por todos dentro do hotel; quando você estiver conversando com seus colegas de trabalho, nada de falar muito alto, nem de rir de maneira espalhafatosa ou de fazer barulhos desnecessários. Além disso, a música ambiente da recepção deve ser escolhida pelo gerente. Por fim, é importante que você sorria sempre, de forma espontânea e comedida.

Falar devagar ajuda muito na hora de lidar com pessoas, mas não seja tão devagar a ponto de fazer com que os outros percam a paciência!

Cuide com o que você **escreve** e **fala**. Gírias não são bem-vindas, muito menos palavrões.

A comunicação, seja ela oral, corporal ou escrita, diz muito sobre você. Por isso, cuide com a forma como você se **expressa**. Nesse contexto, **dominar o português** tanto na fala quanto na escrita é essencial! Erros chamam a atenção das pessoas e fazem com que você seja visto como alguém que não tem o preparo necessário para trabalhar na recepção de um hotel.

Ao escrever, cuide com as abreviaturas e com a formalidade. O texto deve ser **claro** e **objetivo**. Além disso, passe as informações que o hóspede lhe solicitar sem grandes rodeios. Isso lhe ajudará a conquistar a **confiança** do cliente.

Seja sempre cortês. *Por favor*, *muito obrigado*, *com licença* e *desculpe* são palavras que nunca soam mal. Seja sempre educado com todos, mesmo com aqueles que perderem a calma. Lembre-se: os momentos de fúria passam rápido. Seja paciente!

Por último, mas não menos importante, é de bom tom que você saiba falar algum idioma estrangeiro. O inglês e o espanhol são os mais utilizados e procurados nos hotéis, mas outros idiomas trazem um diferencial, como o mandarim – falado pelos chineses –, ou o russo. A China e a Rússia são dois países que têm crescido muito, sendo que o comércio entre eles e o Brasil tem se intensificado cada vez mais. Por isso, a possibilidade de você receber clientes desses locais se tornará cada vez maior.

Os grandes eventos internacionais trazem turistas que falam todas as línguas, mas, na maioria dos casos, falar inglês e espanhol resolve o problema. Se você tem facilidade em aprender novos idiomas, nao pare em apenas um. Vá atrás de outros e traga um diferencial para o seu currículo. Basta ter boa vontade!

Talento

É o conjunto de capacidades ou aptidões que nascem conosco, podendo também ser chamado de *vocação* ou *dom*. Ele ajuda a fazer com que as habilidades sejam aprendidas mais facilmente. Nesse contexto, há pessoas que têm um talento maior para algumas áreas e menor pra outras. Ninguém nasce sem talento, basta descobrir, por meio da **observação**, qual é o seu. Desde pequenos, desenvolvemos uma tendência para determinadas habilidades. Isso é o nosso talento aflorando.

Por exemplo, se você consegue argumentar bem, tem talento para **negociar**. Nesse caso, o seu foco deve ser uma profissão em que relacionar-se com pessoas e ter poder de persuasão sejam aspectos importantes.

Para que você seja um bom recepcionista, os seus talentos devem ser sempre **interpessoais** e estar relacionados à **organização**. Nessa perspectiva, os talentos que desenvolvem melhor as habilidades e competências de um recepcionista são os que o fazem ser simpático, solícito e que demonstram que ele gosta de SERVIR.

O talento é importante, mas não fundamental. Ter talento significa conseguir aprender uma habilidade mais facilmente, atingindo, assim, determinada competência de forma mais completa e rápida. Isso não quer dizer que, com boa vontade e dedicação, você não consiga conquistar as habilidades e as competências que lhe faltam para ser um bom recepcionista.

Pessoas que encontram o seu talento, vocação ou dom, normalmente, são muito felizes com as profissões que escolhem, pois a repetição diária das funções acaba sendo algo **divertido** e **desafiador** para eles.

> Dessa forma, **vendedor**, **atendente** e **comerciante** são algumas das funções que podem ser desempenhadas por você, até mesmo dentro da recepção de um hotel! Seria um desperdício se esses profissionais fossem artistas plásticos, por exemplo. Você não acha?

> Descobrir o seu talento é uma forma de ser feliz e realizado na profissão!

COMPETÊNCIA

Este é, hoje, o grande tema de estudo da educação: a avaliação por **competências** e não por notas. Vale salientar que o ensino por competências é muito mais fácil, pois tirar uma nota é algo muito subjetivo. Diante dessa perspectiva, desenvolver as competências de um aluno ou de um funcionário é a forma mais adequada de se transformar conhecimentos em habilidades.

Competência é o resultado da soma dos dois itens anteriores, **habilidades** e **talento**, sendo que é por meio dessa junção que se desenham os perfis dos profissionais. Atualmente, a formação tecnológica tem, como base, esse formato. A dificuldade diz respeito apenas à avaliação, pois é muito mais subjetivo avaliar uma competência do que uma nota, até porque ou você tem uma competência, ou não tem. Ou é nota **0** ou é nota **10**. No caso das notas, fica mais fácil argumentar.

Como essa é uma tendência tanto da educação quanto do mercado de trabalho, você, que está aprendendo uma nova profissão, deve levar em consideração essas características e desenvolver as competências necessárias para poder atingir a **excelência** no serviço de hotelaria.

Além disso, as competências ainda são divididas em outras duas linhas: as **competências técnicas**, que são aquelas aprendidas na escola, no trabalho ou em treinamentos, e as **competências comportamentais**, que podem nascer com a pessoa ou serem desenvolvidas com treinamento e autodesenvolvimento. Para facilitar a compreensão, vamos ver como esses conceitos se aplicam na recepção de hotel.

Competências técnicas

São aquelas que aprendemos desde **pequenos**, na escola. Competências como falar, escrever, ouvir e ler são aprendidas nas aulas das primeiras séries da educação. Diante disso, fazer contas, conhecer a matemática, a física, a química, entre outras áreas, é algo que desenvolvemos em todos os nossos anos de estudo.

Para ser um bom recepcionista, você precisa ter habilidades de **comunicação**. Essas habilidades, por sua vez, irão gerar **competências de comunicação**, que o deixarão mais apto a conseguir exercer bem essa tarefa. É importante mencionar que, para pessoas que não possuem **educação formal**, essas competências acabam sendo prejudicadas.

Depois de abordarmos o ensino escolar, passamos agora para os **treinamentos**, que são formas de se desenvolver competências de uma maneira mais **profunda**. Aí, entram os cursos de formação **técnica** e **tecnológica**, que procuram desenvolver os nossos conhecimentos e a nossa capacidade de realizar tarefas específicas de algumas áreas. Isso representa uma grande possibilidade de aprender uma nova profissão, pois, como esses cursos contam com profissionais de mercado, aprende-se muito com eles. Afinal, é com os grandes que aprendemos a ser **grandes**.

A etapa referente aos treinamentos é interessante para a construção das competências técnicas, mas não fundamental. Ela pode ser complementada por pequenos cursos de aperfeiçoamento, aulas e treinamentos dentro da empresa. Assim, fica mais fácil **alocar** as pessoas dentro das áreas em que elas possuem maior **habilidade** e **competência**.

Por último, vem o aprendizado **prático** do trabalho, em que a competência é desenvolvida no dia a dia de trabalho. Para isso, são necessários bons "professores", que estejam dispostos a ensinar como se deve agir. Boas empresas têm, em seu quadro de funcionários, pessoas **específicas** para o desenvolvimento de talentos, habilidades e competências. Assim, o funcionário se sente mais amparado, e o seu aprendizado acaba sendo mais **rápido**.

As fases de construção das competências técnicas

Os conhecimentos técnicos começam com os **conhecimentos elementares**, que englobam o aprendizado da linguagem da profissão, suas peculiaridades e a forma com que as pessoas se desenvolvem dentro do cargo que ocupam. Para chegarmos a esse nível, bastam apenas alguns dias de trabalho ou um pequeno curso de aperfeiçoamento. É por meio dos conhecimentos elementares que aprendemos os **processos repetitivos** da função.

Em seguida, ocorre o desenvolvimento dos **conhecimentos técnicos básicos**, que são aqueles que nos fazem compreender melhor o que se diz. É nessa etapa que começamos a aprender algumas funções mais **específicas**.

Aos avançarmos um pouco mais, chegamos aos **conhecimentos fundamentais**, que proporcionam uma autonomia no trabalho, já que, nesse momento, não precisamos mais de tanta supervisão para realizarmos tarefas corriqueiras. É nessa fase que começamos a trabalhar de forma mais **dinâmica**, mas ainda sem a velocidade ideal.

Depois, há os **conhecimentos técnicos sólidos**, que proporcionam total autonomia de trabalho, fazendo com que possamos decidir e tomar atitudes mais livremente. No entanto, em casos mais delicados, devemos chamar o chefe. Quando estiver nesse estágio, você poderá dizer, com convicção, que é um **recepcionista**. Depois disso, você já poderá pensar em **subir de cargo**.

O ultimo estágio do aprendizado diz respeito aos **conhecimentos técnicos profundos**. Nessa fase, sabemos exatamente o que fazer, não havendo nenhuma dúvida. A nossa segurança é tão grande que já podemos treinar novos funcionários e auxiliar em outras funções que sejam solicitadas. Nesse estágio, você está pronto para uma promoção e para assumir novas responsabilidades.

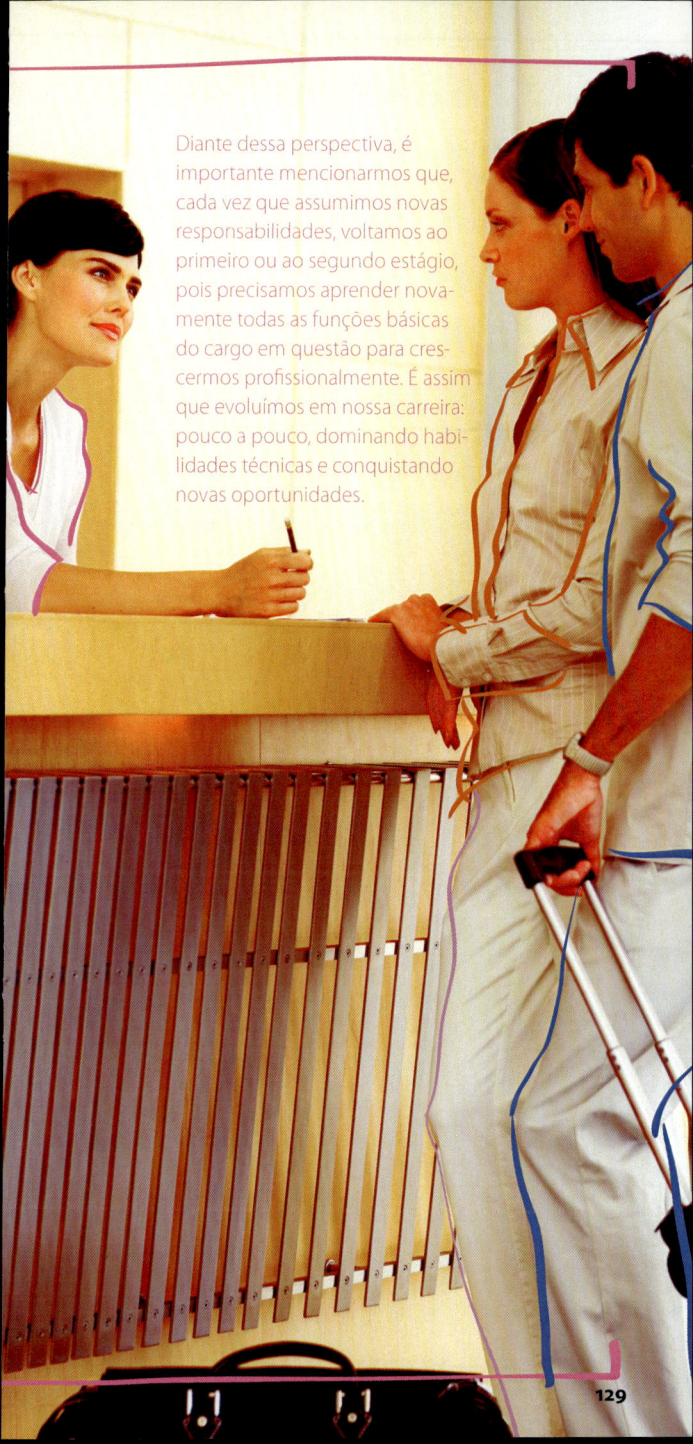

Diante dessa perspectiva, é importante mencionarmos que, cada vez que assumimos novas responsabilidades, voltamos ao primeiro ou ao segundo estágio, pois precisamos aprender novamente todas as funções básicas do cargo em questão para crescermos profissionalmente. É assim que evoluímos em nossa carreira: pouco a pouco, dominando habilidades técnicas e conquistando novas oportunidades.

Competências comportamentais

As competências comportamentais nos auxiliam a obter maior **sucesso** (de forma mais rápida e eficiente) nas nossas funções do dia a dia. Enquanto as competências técnicas nos fazem cumprir com exatidão o nosso trabalho, as competências comportamentais fazem com que ele seja feito mais rapidamente.

Por isso, podemos dividir essas competências em cinco grupos: as **sociais**, as **comunicativas**, as de **comportamentais**, as **intelectuais** e as **organizacionais**.

> Que tal conhecer cada uma dessas competências, rapidamente, para que você saiba em que ponto(s) precisa evoluir?

COMPETÊNCIAS SOCIAIS:

dizem respeito ao desenvolvimento do trabalho em equipe, à forma com que trabalhamos com as pessoas e ao nosso relacionamento interpessoal. As competências sociais envolvem habilidades e competências para o trabalho em equipe, a consciência social e ambiental, e o gerenciamento de conflitos etc. Nesse contexto, a paciência e a perseverança são duas virtudes que devemos possuir para podermos desenvolver essas competências. Com esses pré-requisitos de caráter pessoal, fica muito mais fácil compreender as competências sociais.

COMPETÊNCIAS INTELECTUAIS:

são voltadas para a solução de problemas e para a antecipação de situações. Por meio delas, somos capazes, inclusive, de tomar atitudes antes que os problemas aconteçam. Só conseguimos desenvolver essas competências quando compreendemos bem como funciona o nosso ambiente de trabalho e todos os detalhes que o envolvem.

COMPETÊNCIAS COMUNICATIVAS:

são aquelas que usamos para melhorar a nossa comunicação dentro da empresa. Isso inclui a habilidade de nos comunicarmos com clientes, funcionários, colegas, superiores, subordinados, prestadores de serviço, enfim, todos os profissionais que fazem parte do nosso universo de trabalho.

COMPETÊNCIAS COMPORTAMENTAIS:

por meio dessas competências, é possível ver se o funcionário possui habilidades e talento para ser um empreendedor, um líder. A vontade de aprender sobre novas funções, novos trabalhos, a iniciativa e a criatividade do funcionário, ou mesmo a disposição para mudar de função e alterar a forma como as coisas acontecem são competências comportamentais. Dentro desse contexto, ser proativo, saber discernir o que é certo e saber dizer "não" a atitudes que estiverem fora do padrão, por transgredirem a índole do funcionário, são ações que demonstram o domínio das competências comportamentais. Por isso, elas são de fundamental importância para o desenvolvimento do funcionário dentro do ambiente de trabalho, pois fazem com que ele não seja antiético em suas decisões.

COMPETÊNCIAS ORGANIZACIONAIS

quando atuamos dentro de uma organização ou empresa, precisamos compreender como ela funciona, bem como conhecer suas engrenagens e as funções de cada uma delas. Nessa perspectiva, é essencial conhecer a posição da empresa no mercado, saber a importância dela para a concorrência local e estar ciente das características dos concorrentes. Além disso, para que possamos desenvolver as competências organizacionais, precisamos compreender a missão, a visão e os valores da empresa em questão, bem como o seu objetivo e as suas metas.

> Assim, você irá vestir a camisa da organização e começará a trabalhar de forma mais comprometida.

Desenvolver competências não é uma tarefa fácil e depende muito da iniciativa e da vontade do funcionário. Cabe a você se comprometer e criar as competências que irão **diferenciá-lo** no mercado de trabalho.

Só assim o seu contratante ou mesmo o mercado irá valorizá-lo e dar a devida importância ao seu trabalho. Diante dessa perspectiva, ser comprometido e descobrir o seu talento dentro do ramo da hotelaria são atitudes que lhe ajudarão a desenvolver as competências organizacionais, pois, como já dissemos, o talento **acelera** o processo de aprendizado e de desenvolvimento pessoal.

Curiosidades

Que trabalhar em um hotel cercado por 500 girafas? Isso mesmo! No hotel The Giraffe Manor, situado no Quênia, o hóspede pode contar com a presença de uma girafa durante o café da manhã.

CARACTERÍSTICAS PESSOAIS

Esse é um dos assuntos mais importantes e delicados deste livro, pois envolve o **perfil** do recepcionista de hotel. As características pessoais são tão importantes para o trabalho quanto as habilidades e competências, pois, sem elas, um recepcionista dificilmente conseguirá desempenhar a sua função adequadamente.

Lembre-se:

Algumas características que você não possui podem ser **desenvolvidas**, basta que você tenha boa vontade, autoconhecimento e um pouco de autoanálise sobre o que deve ser aprimorado.

Muitas dessas características já são da pessoa e outras podem ser aprendidas, mas **todas** são importantes e têm alguma função nos serviços e no desenvolvimento do trabalho na recepção. Agora, vamos ver cada uma dessas características e saber por que elas são tão importantes para o seu trabalho.

Educação, respeito e cordialidade

No setor de prestação de serviços, uma boa educação não é um diferencial, mas, sim, uma necessidade, um **pré-requisito**. Por isso, ter o hábito de falar formalmente, atender bem as pessoas, sorrir, agradecer, pedir, desculpar-se e ser respeitoso com todos é muito importante.

Além disso, sorria sempre e agradeça gentilmente. Também é válido demonstrar respeito por meio do uso de pronomes de tratamento adequados, como *senhor*, *senhora* e *vossa senhoria*.

> Por isso, aja com os outros da maneira que gostaria que agissem com você!

> Se você tratar os outros com respeito, dificilmente será desrespeitado. Já se você tratar os outros de forma ríspida, não espere que o tratem de forma amável.

Ética e coerência

A ética vem do grego *ethos*, que quer dizer *caráter*. Essa palavra traduz o modo de ser de cada pessoa, e é por meio dela que tomamos nossas decisões, tendo como base os valores e os princípios que nos foram ensinados. Geralmente, os padrões éticos são transmitidos na infância, quando começamos a formar a nossa identidade. É válido ressaltar que os responsáveis por isso são os pais, a escola e a sociedade. Nesse contexto, não roubar, não matar, respeitar as diferenças e agir com integridade são alguns dos valores que nos são passados, de alguma forma, dentro da sociedade.

É por meio desses valores e de tantos outros que conseguimos viver em grupo sem que o caos esteja presente. Vale ressaltar que esses valores podem ser **históricos**, **culturais** e **morais**. Dentro desses, existe ainda uma infinidade de subdivisões que norteiam nossos passos e decisões.

Quando se diz que devemos ser éticos no trabalho, isso quer dizer que temos que cuidar para não transgredir os nossos princípios e os valores da sociedade. Isso inclui atitudes como não mentir, não roubar, não ser tendencioso e não agir de má fé com as pessoas.

A coerência faz parte da ética, pois diz respeito a agir de acordo com o que se propõe, pois de nada adianta termos um discurso ético se não conseguimos cumprir aquilo que pregamos. Alguns políticos, por exemplo, não agem com coerência quando não cumprem com o que prometem em suas campanhas.

Para que a ética seja sempre um **norte** em nossa vida profissional, devemos rever os nossos valores constantemente, procurando mantê-los sempre intactos ou aprimorando-os. Ser ético é não passar os seus colegas "para trás" e não prejudicar os outros para favorecer a si mesmo. Atitudes éticas são necessárias para qualquer profissão, ainda mais para a equipe da recepção, que, como já vimos, é o **ponto central** de um hotel, congregando diversos setores e informações.

Um pequeno exemplo de ética na recepção diz respeito à realização de uma reserva. Digamos que um parente distante venha se hospedar no hotel onde você trabalha e não existam vagas. A ética prega que você deve lhe dizer que, infelizmente, não pode atender à sua solicitação. Uma atitude **antiética** seria cancelar a reserva de um cliente, alegando um determinado motivo, e hospedar o seu parente. Agindo assim, você estaria enganando alguém e se prevalecendo da sua posição para favorecer um parente. Isso jamais pode acontecer!

Hospitalidade

O nome já diz tudo. O termo *hospitalidade* deriva das palavras *hóspede*, *hotel*, *hospital* e *hospedagem*, e significa receber bem as pessoas. **Hospitalidade** é o que vemos em algumas famílias do interior, que, quando veem uma pessoa com fome ou frio, o convidam para tomar um prato de sopa ou para vestir um agasalho quente.

Entretanto, a hospitalidade a que nos referimos não significa apenas isso. Ser hospitaleiro é também receber o cliente como se ele estivesse na sua casa, sendo tratado como se fosse o seu convidado ou um ente querido. Dessa forma, agir com hospitalidade é atender a todas as necessidades do cliente, fazendo com que ele se sinta em casa!

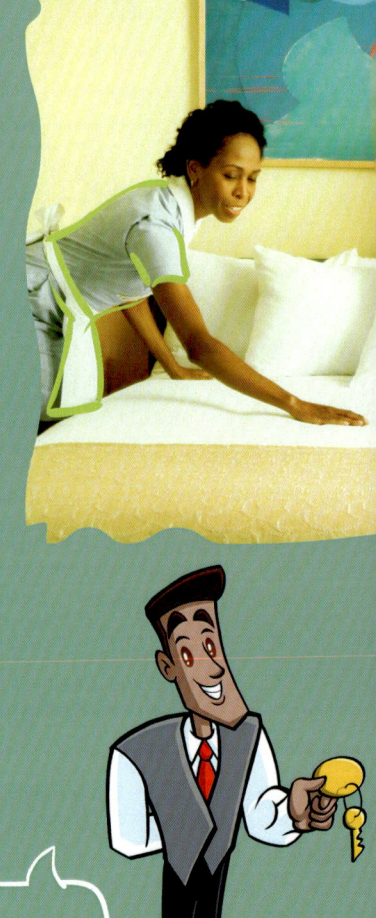

> Seja **hospitaleiro**, aprenda a tratar os outros com carinho e comprometimento. Essas atitudes **cativam** as pessoas e fazem com que elas se tornem clientes e fregueses!

Eficiência e eficácia

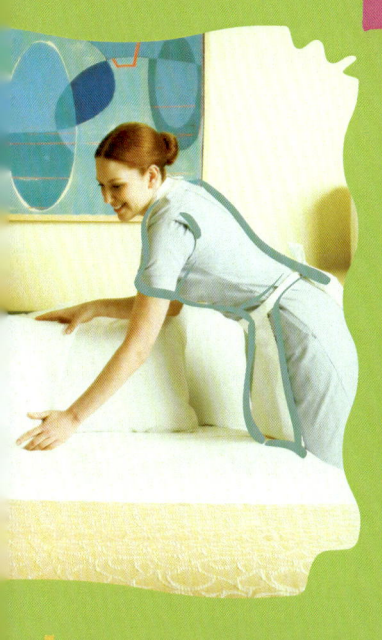

Existe uma **grande diferença** entre eficiência e eficácia. *Eficiência* é fazer exatamente o que precisa ser feito. *Eficácia* é ir além; é resolver o problema como um todo, indo até a sua raiz.

Dessa maneira, agir com eficiência e eficácia é fazer com que o problema seja resolvido o mais **rápido** possível e da melhor maneira possível. Na hotelaria, isso é fundamental, pois norteia todos os princípios do bom atendimento.

Procure sempre ser mais **eficaz** do que eficiente, pois, dessa maneira, você irá solucionar os problemas assim que eles ocorrerem, e de forma mais prática e rápida. Com isso, todos sairão mais satisfeitos do hotel.

Além disso, procure sempre a melhor forma de atingir uma meta ou um objetivo, indo além dele. Isso faz com que você se **diferencie** dos seus colegas, o que o coloca em uma posição de **vantagem** em relação às oportunidades de crescimento dentro da empresa. Se você é **eficiente** e **eficaz**, não precisa fazer muito para obter sucesso na vida profissional.

Honestidade

O recepcionista lida diariamente com informações, dinheiro, expectativas e oportunidades. Se ele não for honesto, tudo poderá ruir. Por isso, você, atuando nessa função, precisa agir com **honestidade** em cada pequeno passo do seu dia a dia. Caso o hóspede pergunte se a cama do hotel é de molas, fale a verdade. **Mais vale um cliente não conquistado do que um cliente perdido por mentiras.** Isso porque o primeiro irá embora sem falar mal do hotel, mas o segundo alegará que o estabelecimento o enganou. Além disso, ele poderá fazer más recomendações.

A honestidade se revela nos **pequenos atos**. Lembre-se de que você é o **intermediário** entre o hotel e o cliente. O recepcionista é um **vendedor**, e como vendedor, deve falar sempre a **verdade** sobre o que acontece no hotel. Caso os princípios do estabelecimento não sejam os mesmos que os seus, procure outro emprego, mas não transgrida os seus valores ou os do hotel para satisfazer o cliente ou o próprio estabelecimento.

A honestidade caminha em **paralelo** com a ética, pois quem é ético acaba sendo honesto. Age de acordo com seus princípios e não deseja o mal de ninguém. Por isso, esteja sempre em conformidade com os seus princípios de vida e com a conduta do hotel.

Lembre-se.

O seu **trabalho** e a sua **honestidade** valem mais do que qualquer coisa. Aja sempre de acordo com o seus **valores** e a sua **ética.**

Discrição e paciência

Não falar alto, não rir em público, ser delicado e paciente são **virtudes** do recepcionista de hotel. Imagine que você trabalha em um ambiente onde várias pessoas circulam o tempo todo. É importante dizer que essas pessoas vão das mais simples às mais ricas, podendo vestir-se muito mal ou muito bem.

Atitudes discretas envolvem a **imparcialidade**. Pessoas idosas ou novas, feias ou bonitas, merecem a **mesma** atenção e respeito. Durante o atendimento a essas pessoas, você precisa demonstrar que é livre de preconceitos e de atitudes mesquinhas, e que trata todos com o **mesmo respeito**.

> Seja paciente com todos, mesmo que algumas pessoas não mereçam. Não cabe a você julgar ou condenar ninguém.

Ser discreto também significa passar desapercebido, seja nas atitudes, seja no vestuário. Entenda que a recepção não é um **palco** e que você não é um **artista**. A sua função é SERVIR e atender às necessidades do hóspede. Portanto, falar sempre em um tom **moderado**, de forma tranquila, faz com que você passe desapercebido.

Além disso, a paciência deve ser empregada em todos os momentos, mesmo que as coisas não estejam tão bem em sua vida pessoal. Se seu dia não foi legal, o cliente não tem culpa. A escolha de estar trabalhando na recepção de um hotel foi **sua**. Portanto, aja com **responsabilidade.**

Não pertube.

Comprometimento, pontualidade e assiduidade

Hoje, essas são as características mais **valorizadas** e **respeitadas** no meio profissional e organizacional. Comprometer-se com a empresa desde o início mostra que você conhece os princípios e os valores do estabelecimento e que, além disso, gosta de trabalhar nele.

O comprometimento está ligado à **pontualidade** e à **assiduidade**, pois quem se compromete não falta ao trabalho e não chega atrasado. O funcionário comprometido é aquele que tem consciência do seu valor na empresa e sabe que precisa trabalhar duro para que o cliente seja bem atendido e para que a empresa seja reconhecida no mercado.

Um chefe ou um gerente que também reconhece o comprometimento do funcionário ajuda a desenvolver ainda mais as qualidades de sua equipe, fazendo com que isso se torne um ciclo. Um **alimenta** o outro para que ambos **cresçam juntos**. Porém, se você não recebe esse incentivo e reconhecimento do seu chefe, não se preocupe. Procure conquistá-lo com suas **atitudes**.

Como no hotel o trabalho envolve equipes e turnos com horários definidos, você não pode deixar o resto dos funcionários "na mão", sem um motivo muito forte para que isso aconteça. Cumprir com suas responsabilidades de horário, de função e de operação faz parte do processo de **comprometimento** com a empresa.

Como já vimos, é importante que você conheça a missão, a visão, os valores, os princípios, os objetivos e as metas da empresa onde trabalha. Isso faz com que você vá de encontro com o que a empresa espera de um bom funcionário. Diante desse contexto, é importante que você cuide de suas atitudes, pois elas demonstram o **quanto** você se **importa** com os clientes, com os seus colegas e com a empresa.

Liderança

> O líder é um *motivador* e um *desenvolvedor* de talentos!

Liderar não é mandar, nem chefiar. Nem sempre um líder é um gerente ou um chefe. A liderança é uma característica que está **dentro da pessoa**. *Liderar* é motivar as pessoas e comandar determinado grupo em prol de um objetivo, de uma meta. O líder tem o poder de **persuadir** seus liderados, fazendo com que eles se comprometam com a causa e os valores daquele, já que eles são íntegros e o líder é **coerente** em seus atos.

Liderar é um ato contínuo na hotelaria, pois engloba o comando das equipes em prol de um bem comum, que é o **bom atendimento**. Dentro de uma recepção, o líder, geralmente, consegue resultados muito satisfatórios de sua equipe no que diz respeito à **eficácia**.

O ato de liderar não se restringe a uma característica que pode nascer conosco. Trata-se de algo que pode ser desenvolvido, aprimorado e constantemente reciclado. *Liderar* é estar pronto para as **adversidades** e se adaptar a uma equipe, bem como aos vícios e virtudes desta. Não é fácil motivar uma equipe com qualidades distintas, mas o líder precisa estar acostumado com isso.

Ser líder não significa ser o melhor em tudo o que faz, mas, sim, criar uma equipe que tenha os **melhores** em **cada aspecto**. Cercar-se de bons talentos e tirar deles o melhor que eles podem dar, sem ter medo de perder o posto, é algo que poucos conseguem. Por isso, teste essas habilidades aos poucos e perceba que, para liderar, não é necessário usar **autoridade** ou **poder de coerção**.

Planejamento e organização

Organizar o seu ambiente de trabalho é muito importante, pois você não trabalha sozinho! Além disso, você precisa deixar as coisas sempre no mesmo lugar, caso contrário fica difícil fazer com que o atendimento seja **rápido**.

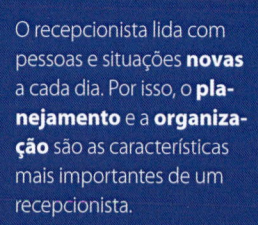

O recepcionista lida com pessoas e situações **novas** a cada dia. Por isso, o **planejamento** e a **organização** são as características mais importantes de um recepcionista.

Planejar significa antever os problemas. Dessa forma, para o recepcionista, *planejar* é ter tudo pronto caso algo de diferente aconteça. Para exemplificar isso, podemos citar as seguintes ações: planejar um *check in* de grupo, um *check out*, planejar o quadro de reservas para que não exista sobreposição de ocupação e planejar os horários de trabalho burocrático, de almoço ou de jantar para que não haja conflito com horários de alto fluxo de clientes. São essas atitudes que diferenciam um recepcionista **regular** de um **bom recepcionista**.

Caso você não seja organizado e não planeje as coisas no seu dia a dia, comece a fazê-lo com coisas **pequenas**, como planejar um final de semana, o seu dia de trabalho, uma pequena viagem, um passeio ou até mesmo

147

um almoço de família. Isso irá ajudar você a compreender como as tarefas ficam mais fáceis depois de serem **planejadas**.

Para melhorar a sua organização, comece com o seu quarto, a sua sala de estar e o seu guarda roupas. Você verá como será mais fácil achar os seus pertences, mesmo no meio do tumulto.

> Procure manter o hábito de deixar o que você encontrou sempre no **mesmo lugar.** Isso lhe ajudará a não se esquecer de onde estão os seus pertences, bem como a achá-los com mais facilidade. Organizar é **sistematizar!**

Iniciativa e criatividade

Imagine ter que repetir as suas atividades todos os dias. Imagine fazer as mesmas tarefas e cumprir os mesmos horários com uma rigidez muito grande. Para que os processos dentro do hotel melhorem, o recepcionista deve ser uma pessoa de **iniciativa**, que solucione os problemas de forma rápida e sem pestanejar. Dessa forma, ele não precisa ser "mandado" e nem precisa de incentivo, pois já faz normalmente o que precisa ser feito.

A criatividade anda em conjunto com a **iniciativa**, pois proporciona novos modos de se fazer as coisas, o que auxilia na criação de novos processos dentro do hotel. Se não fosse assim, os computadores não teriam sido introduzidos nos hotéis e nem outras ideias seriam implementadas.

Facilitar o trabalho, agilizar o dia a dia e dinamizar os processos são ações que só podem ser feitas por pessoas **criativas** e de **iniciativa**, por isso, essas qualidades são tão importantes em um recepcionista.

Preste atenção!

Esperar uma ação do gerente ou mesmo aguardar para pedir a opinião de outro funcionário não faz parte da postura que se deseja de um recepcionista.

A iniciativa também é valorizada na solução de situações que acontecem normalmente nos hotéis. A falta de água quente em um quarto, o ar condicionado que não funciona em outro, um cliente que chega sem reserva com o hotel quase lotado, problemas com eventos, enfim, esses são apenas alguns exemplos. Quanto mais rápido essas questões forem resolvidas, melhor fica a **imagem** do hotel perante os clientes. Se o recepcionista é uma pessoa com iniciativa e criatividade, o cliente não precisa esperar muito para ver o seu problema solucionado!

Adaptabilidade

Por mais que a rotina seja a mesma, cada hóspede traz um **novo desafio**. Daqueles que são calados aos mais falantes, dos que reclamam de tudo até os que não acham nada ruim, todos os tipos irão passar pela sua recepção. Assim, se você agir de forma idêntica com todos eles, irá conquistar **poucos hóspedes**.

Para que você seja agradável e consiga atender a todos da melhor forma, é necessário adaptar-se aos clientes.

> Não espere o contrário, pois quem está prestando o serviço é **você**! Com sensibilidade e adaptabilidade você conseguirá atingir os seus objetivos.

Adaptar-se à equipe que trabalha com você, aos seus chefes, aos seus subordinados e aos colegas de outras áreas do hotel – já que você precisa da contribuição de todos –, também é fundamental. Em alguns casos, também é importante adaptar-se a diferentes horários de trabalho e a diferentes ambientes, pois em alguns hotéis é possível que você não trabalhe só na recepção, mas também em outros lugares.

Por ser polivalente e estar pronto para qualquer serviço, o recepcionista já possui essa adaptabilidade quase que naturalmente. Caso o recepcionista não possua essa característica, ele será **rígido demais** com os clientes, com os colegas e com seus chefes, o que fará com que o trabalho não seja desempenhado por muito tempo. **Saiba adaptar-se**, será melhor pra você!

Conhecimento de qualidade

Para poder atender, controlar e servir com eficácia, você precisa saber o que é **controle de qualidade**. Vale ressaltar que esse padrão é criado com o passar do tempo, não sendo algo que possa ser aprendido rapidamente.

Embora alguns cursos apresentem padrões de qualidade, cada um deve criar o seu de acordo com o que vivencia e experimenta na vida. Nesse sentido, avaliar a qualidade dos atendimentos que você recebe faz com que você cresça como profissional. Por isso, é interessante ter atenção na qualidade dos serviços prestados no seu dia a dia.

Conhecer padrões de qualidade e de atendimento é primordial para o recepcionista de hotel. Esteja sempre atento às **tendências** e aos **padrões**. Além disso, procure ser sempre cordial e preze pela qualidade do processo de atendimento. De tempos em tempos, faça uma auto avaliação do seu trabalho. Peça também um retorno sobre ele para o seu chefe, perguntando o que ele acha que pode ser melhorado.

Além disso, leia sempre os **formulários** preenchidos pelos clientes para melhorar o atendimento feito não somente por você, mas também por seus colegas do hotel.

Multifuncionalidade

Por meio do perfil que traçamos sobre as funções de um recepcionista, é possível perceber que um profissional **multifuncional** é realmente necessário para exercer essa função. Atender ao hóspede, ao telefone, fazer reservas, fechar contas, receber pagamentos em diversos tipos de moeda, atender a reclamações, transmitir informações, registrar a entrada e a saída de clientes e cuidar da limpeza e da organização da recepção são atividades que não podem ser feitas por qualquer pessoa!

Você precisa estar **apto** a realizar todas essas funções (muitas vezes, algumas delas ao mesmo tempo). Vale lembrar que cada um cria o seu **próprio método de trabalho** e encontra a melhor forma de cuidar de tudo isso ao mesmo tempo. Sendo assim, uma pessoa que só consegue resolver um problema por vez ou atender apenas a um cliente, **não** tem o perfil necessário para trabalhar em uma recepção.

CHECK LIST ✓

1. Diferencie habilidade, talento, competência e características pessoais.
pgs. 112, 122, 124 e 134

2. Por que é importante que um recepcionista tenha habilidades de informática e de comunicação?
pgs. 114 e 118

3. Descreva o que é **talento** e explique que importância isso tem no desenvolvimento de habilidades e competências.
pg. 122

4. Quais são os dois tipos de competência e qual é a diferença entre elas? Explique mais detalhadamente as competências comportamentais.

pgs. 126 e 130

5. Qual é a diferença entre **eficiência** e **eficácia**? Qual das duas é mais importante para o recepcionista?

pg. 139

6. O que é liderança pra você? Justifique com suas palavras.

7. Explique e dê um exemplo da importância da discrição para o recepcionista de hotel.

pg. 143

8. Quais são as duas características pessoais que você acha mais importantes para a função de recepcionista? Explique-as e, em seguida, cite as duas menos relevantes e justifique a sua escolha.

O MERCADO DE TRABALHO

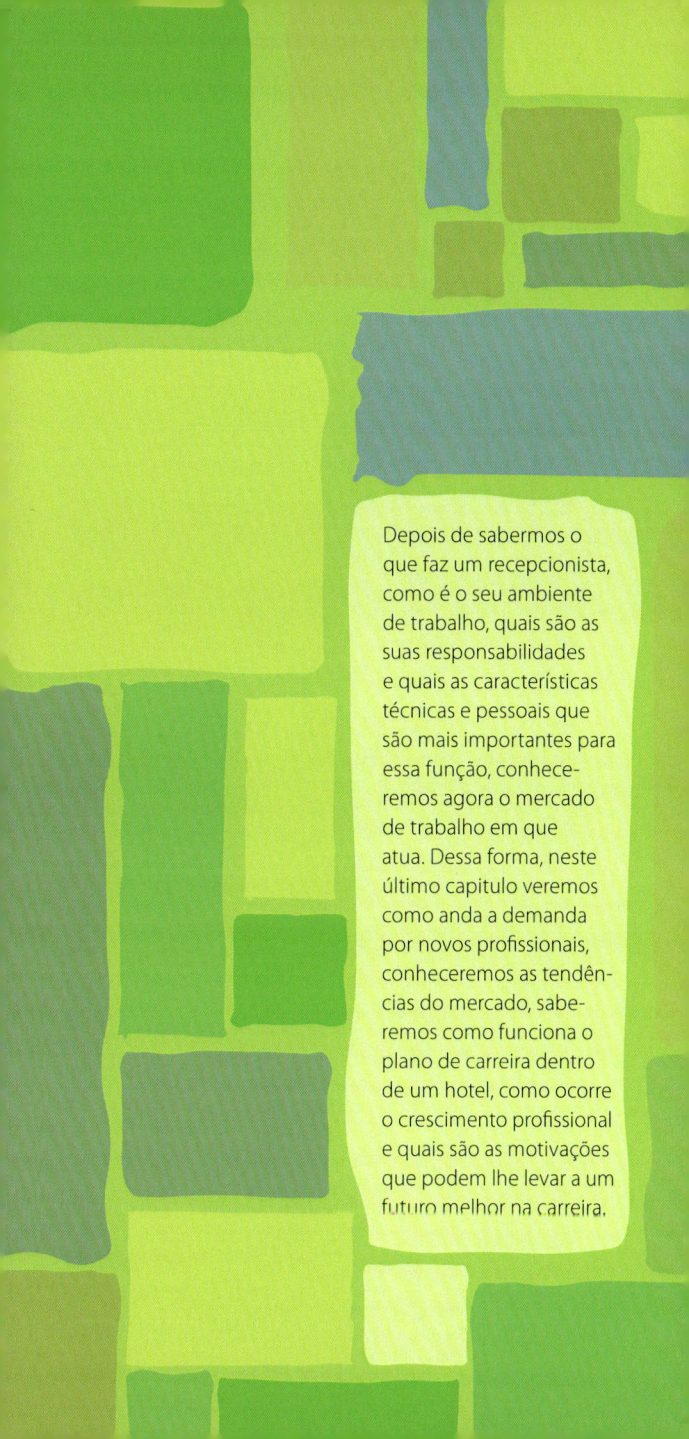

Depois de sabermos o que faz um recepcionista, como é o seu ambiente de trabalho, quais são as suas responsabilidades e quais as características técnicas e pessoais que são mais importantes para essa função, conheceremos agora o mercado de trabalho em que atua. Dessa forma, neste último capitulo veremos como anda a demanda por novos profissionais, conheceremos as tendências do mercado, saberemos como funciona o plano de carreira dentro de um hotel, como ocorre o crescimento profissional e quais são as motivações que podem lhe levar a um futuro melhor na carreira.

A SITUAÇÃO ATUAL DO MERCADO

O mercado hoteleiro do Brasil encontra-se **aquecido**. A cada ano, os hotéis registram um aumento na média de ocupação de seus apartamentos. Além disso, as grandes redes hoteleiras têm investido em novos hotéis por todo o país.

Os eventos que o Brasil irá receber em 2014 e em 2016 estão fazendo com que o mercado turístico se mexa para criar mais recursos de infraestrutura com o intuito de receber os turistas estrangeiros que virão ao Brasil. Essas mudanças também irão proporcionar ao turista brasileiro mais opções de acomodação, transporte etc.

No entanto, a mão de obra qualificada **não tem acompanhado** o crescimento do mercado, e o que temos visto são aventureiros sem informação e sem formação trabalhando na área do turismo, pois os empregos são **abundantes**. Dessa forma, há vários empregos, e estão sendo contratadas pessoas **sem treinamento e capacitação**. Assim, existem grandes possibilidades de contratação para quem está se qualificando e aprendendo sobre a profissão de recepcionista.

É nesse mercado em expansão que você está prestes a entrar! No início da carreira, a remuneração não é muito boa, mas conforme você for crescendo, essa profissão proporcionará chances de **melhores salários**. Vale ressaltar que o crescimento pode ser muito **rápido** e que depende de você!

POSSIBILIDADES DE CRESCIMENTO

Como a profissão de recepcionista tem sido muito **exigida** e faltam **profissionais qualificados,** existem chances de um crescimento muito rápido para aqueles que se **aperfeiçoarem** para atender bem.

Para isso, você precisa compreender como funciona o **crescimento hierárquico** dentro de um hotel e quais são as **motivações** que levam um funcionário a almejar novos postos de trabalho.

Tenha a consciência de que você está entrando em um mercado com centenas de anos de tradição, de qualidade e com um sistema de crescimento sólido e bem estabelecido, que valoriza o aprendizado e o aperfeiçoamento constante. Se você tem o perfil de alguém que deseja melhorar sempre, com certeza você conseguirá crescer rapidamente dentro dos hotéis brasileiros e até mesmo dos estabelecimentos mundiais! Afinal, a profissão de recepcionista pode ser exercida em **qualquer lugar do mundo**, basta que você conheça os **códigos de conduta** e a **língua** do lugar onde você deseja trabalhar, pois os padrões de atendimento e de serviço permanecem iguais. Vale mencionar que as grandes redes internacionais que entraram no Brasil trouxeram esses padrões, fazendo com que nós soubéssemos como certas atividades são desenvolvidas ao redor do mundo.

*Basta que você conheça esses **padrões** para alçar voos cada vez mais altos!*

HIERARQUIA

Para que você possa alcançar novos níveis na hierarquia do hotel, antes você precisa saber que posição gostaria de ocupar, certo? E para isso, é necessário que você entenda como funciona a recepção de um hotel.

Dessa forma, você irá procurar aperfeiçoar-se para ocupar os cargos acima de você rapidamente, mas, como vimos antes, com ética, sem passar "por cima" de ninguém.

Um hotel de médio porte possui o seguinte organograma hierárquico:

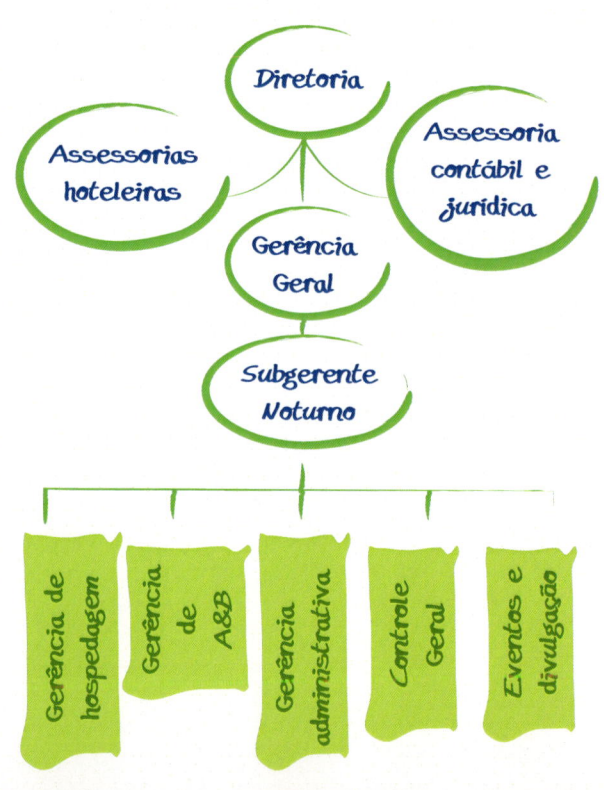

- Diretoria
  - Assessorias hoteleiras
  - Assessoria contábil e jurídica
  - Gerência Geral
    - Subgerente Noturno
      - Gerência de hospedagem
      - Gerência de A&B
      - Gerência administrativa
      - Controle Geral
      - Eventos e divulgação

Na recepção, o organograma fica da seguinte forma:

GERENTE DE HOSPEDAGEM

- Chefe de telefonia
  - Telefonistas
- Chefe de recepção
  - Encarregado de reservas
  - Recepcionistas
  - Auxiliar de reservas
  - Auxiliar de recepção
  - Capitão porteiro
  - Mensageiro
  - Manobrista

> O seu crescimento profissional deve ter base em **merecimento** e não em trapaças.

Por meio desses organogramas, é possível enxergar melhor quais são as **possibilidades de crescimento** dentro do hotel onde você trabalha e quais são os postos que poderá ocupar ao deixar a posição de recepcionista. Se você está em outra posição, como auxiliar de recepção ou mensageiro, saiba que ocupar novos postos de trabalho é uma questão de **tempo** e de **empenho**.

Existem diversos casos de gerentes gerais de hotéis que começaram como mensageiros ou manobristas e, em 5, 6 ou 10 anos chegaram à posição de **gerentes**. Isso porque se dedicaram, estudaram, aperfeiçoaram-se e mostraram interesse pelo trabalho que exerciam.

Curiosidades

Las vegas, nos Estados Unidos, é o paraíso dos hotéis TEMÁTICOS e dos CASSINOS. Lá você pode hospedar-se em um hotel que recria a atmosfera da cidade italiana de Veneza, por exemplo.

Houve o caso de um **mensageiro** que chegou à posição de **gerente geral** do hotel onde trabalhava em apenas **quatro anos!** Isso aconteceu em um hotel de catergoria superior de Curitiba no ano de 2002. Quando presenciei essa situação, tive certeza de que a função de mensageiro, bem como as outras ocupações, funcionam também como porta de entrada para possibilidades maiores. Logicamente, as oportunidades estavam abertas e o profissional em questão teve chances grandes de crescimento, mas ele só subiu na escala hierárquica porque mostrou competência, empenho e dedicação! E quem disse que o próximo não pode ser **você?**

MOTIVAÇÃO

A motivação para conquistar o crescimento profissional está, normalmente, dentro de nós mesmos e é relativa aos desafios que temos de enfrentar. Chegar até a posição de gerente pode parecer algo inatingível, mas se você subir um degrau de cada vez e criar uma base **forte** e **sólida**, chegará lá em pouco tempo!

Mesmo assim, durante a subida, não dá pra **perder a motivação!** Você precisa perseverar e acreditar, pois essa é uma conquista que só depende de **você**, e deve ser comemorada a cada etapa vencida. Seja humilde, mas saiba reconhecer os seus méritos quando a vitória chegar. Isso não quer dizer que você precisa diminuir as capacidades seus companheiros, mas, sim, celebrar a sua vitória!

Para manter-se sempre motivado, procure sempre almejar um objetivo que esteja distante, mas que não seja inalcançável. Algo que te faça olhar para frente!

> Nesse momento, você deve estar se perguntando qual é a motivação que lhe levaria a buscar o crescimento profissional dentro do hotel. O que fará com que esse crescimento seja alcançado?

> É como **subir uma montanha**. Você deve olhar para a próxima grande pedra e não para o topo. Quando você menos esperar, a próxima grande pedra já será o **topo da montanha!**

NETWORKING

O networking diz respeito ao seu relacionamento com as pessoas em um ambiente profissional específico e no mercado de trabalho. O simples ato de **conhecer pessoas** pode fazer que surjam novas oportunidades em sua carreira. Imagine que você está em um hotel que não tem perspectiva de crescimento, pois é pequeno e de administração familiar. O máximo que você vai conseguir chegar é a chefe de recepção, mas você quer mais. Como fazer para continuar crescendo?

Por meio do *networking*, você saberá de oportunidades em outros hotéis — de outras redes — e poderá candidatar-se a essas vagas, dando continuidade ao seu **crescimento profissional.**

É dessa forma, mesclando motivação, conhecimento, habilidades e uma rede de contatos, que você irá assegurar o seu crescimento profissional. Por isso, esteja sempre ciente de que **nada acontece por acaso.** Cada passo do crescimento de sua carreira é fruto do seu **empenho e merecimento**. Se algo muito milagroso acontecer, tenha cuidado, pois com a mesma velocidade com que se sobe, pode ser que se desça! Melhor subir devagar "e sempre" do que subir muito rápido e cair!

CHECK ✓ LIST

> Qual é a importância da rede de contatos para o crescimento profissional?
>
> ①

pg. 167

2 O que motiva você a crescer? (Dinheiro, reconhecimento, oportunidades, gratificações etc.)

◆ pg. 158

3 Como está o mercado de hotelaria no Brasil atualmente?

4 Quais são os fatores que impulsionam o crescimento do mercado hoteleiro atualmente?

◆ pgs. 160 e 161

5 Descreva o que você entende por **motivação**.

CHECK OUT

Depois desse estudo sobre a profissão de **recepcionista de hotel**, podemos ver que essa é uma profissão promissora, que tem empregado muitas pessoas no Brasil e no mundo. Além disso, trata-se de uma ocupação cujo padrão de trabalho é muito similar na maioria dos estabelecimentos hoteleiros.

Para que uma pessoa se torne um profissional da hotelaria, ela precisa ter o ESPÍRITO DE SERVIR e deve possuir qualidades como **paciência**, **cordialidade**, **honestidade** e **adaptabilidade**. Essas virtudes devem ser complementadas com os **conhecimentos técnicos** sobre a profissão, que incluem os conhecimentos de informática e habilidades para a comunicação.

Apesar disso, não é difícil se tornar um bom recepcionista de hotel. Basta ter **simpatia** e **vontade de servir** e de **aprender novas atividades**.

Com o crescimento do número de eventos no Brasil — não somente os esportivos, mas também os corporativos e sociais —, a rede hoteleira tem se desenvolvido cada vez mais em todos os estados, o que gera demanda por **novos profissionais**.

Agora você já sabe como esse mercado funciona e as etapas pelas quais deve passar para alcançar o **sucesso profissional**. Dessa forma, cabe a você se aperfeiçoar, moldar o seu perfil e encontrar cursos que melhorem suas qualidades. Além disso, é importante **aprender uma língua estrangeira,** fazer um curso de oratória e, principalmente, aprender a SERVIR. Sendo assim, em breve nos encontraremos em algum hotel do Brasil para conversarmos sobre o seu sucesso profissional!

Lembre-se:

> Você pode conquistar o que quiser, basta saber aonde quer chegar!

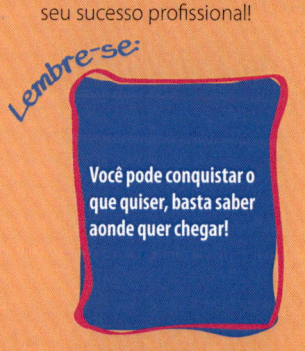

GLOSSÁRIO

BUSINESS CENTER
Espaço do hotel com computadores e acesso à internet.

CHECK IN
Entrada do hóspede no hotel.

CHECK OUT
Saída do hóspede do hotel.

CITY TOUR
Passeio feito por determinada cidade com uma abordagem artística. Por meio dele, o turista tema possibilidade de conhecer os principais pontos turísticos da cidade em questão.

COFFEE BREAK
Lanche feito após reuniões, palestras ou eventos.

COMANDA
É o pedido do cliente do restaurante, que pode ser feito à mão ou por meio de um equipamento eletrônico. É a forma de comunicação entre os garçons e a cozinha.

CONCIERGE
Atendimento especial oferecido por alguns hotéis. Trata-se de uma recepção de luxo.

EARLY CHECK IN
Entrada antecipada do hóspede no estabelecimento (liberada somente em casos especiais).

HARDWARE
refere-se aos componentes externos de um computador, como o monitor, o teclado, a placa mãe, o processador, a memória, o HD etc.

INTERNET WIRELESS
Forma de se acessar a internet por meio de um ponto sem fio. Nos hotéis, esse sistema tem se tornado o padrão pela facilidade, pelo baixo custo de manutenção e pela versatilidade entre os meios de acesso (computadores, notebooks, celulares, *smartphones* etc.)

LATE CHECK OUT
Saída do hóspede após o horário normal *check-out* (liberada somente em casos especiais).

NO SHOW
Situação em que o cliente não aparece no hotel após ter feito a reserva.

ROOM SERVICE
Serviço de quarto referente à alimentação.

SNACK BAR
Bar com guloseimas a serem compradas pelo hóspede. Pode ser de autoatendimento.

SOFTWARE
programa que é utilizado em um computador.

UPGRADE
Ato de melhorar a acomodação ou qualquer outro serviço para o cliente sem cobrança financeira. É uma opção interessante para momentos em que as reservas extrapolarem a capacidade do hotel.

UNIDADE HABITACIONAL (UH)
Trata-se do quarto do hotel ou do apartamento.

VOUCHER
Documento que comprova uma reserva.

WALK IN
Hóspede que chega ao hotel sem ter feito reserva.

REFERÊNCIAS

CASTELLI, G. **Administração hoteleira**. 6. ed. Caxias do Sul: EDUCS, 1999.

LA TORRE, F. de. **Administração hoteleira, parte I**: departamentos. São Paulo: Roca, 2001.

MARRIOT, J. W.; BROWN, K. A. **The Spirit to Serve**: Marriot's Way. New York: Harper Collins, 1997.

SERSON, F. **Hotelaria**: a busca da excelência. São Paulo: Marcos Cobra, 1999.

VALLEN, G. K.; VALLEN, J. J. **Check-in, Check-out**: gestão e prestação de serviços em hotelaria. 6. ed. Porto Alegre: Bookman, 2003.

VIERA, E. V. de.; CÂNDIDO, Í. **Recepcionista de hotel**. Canoas: Ed. ULBRA, 1996.

SOBRE O AUTOR

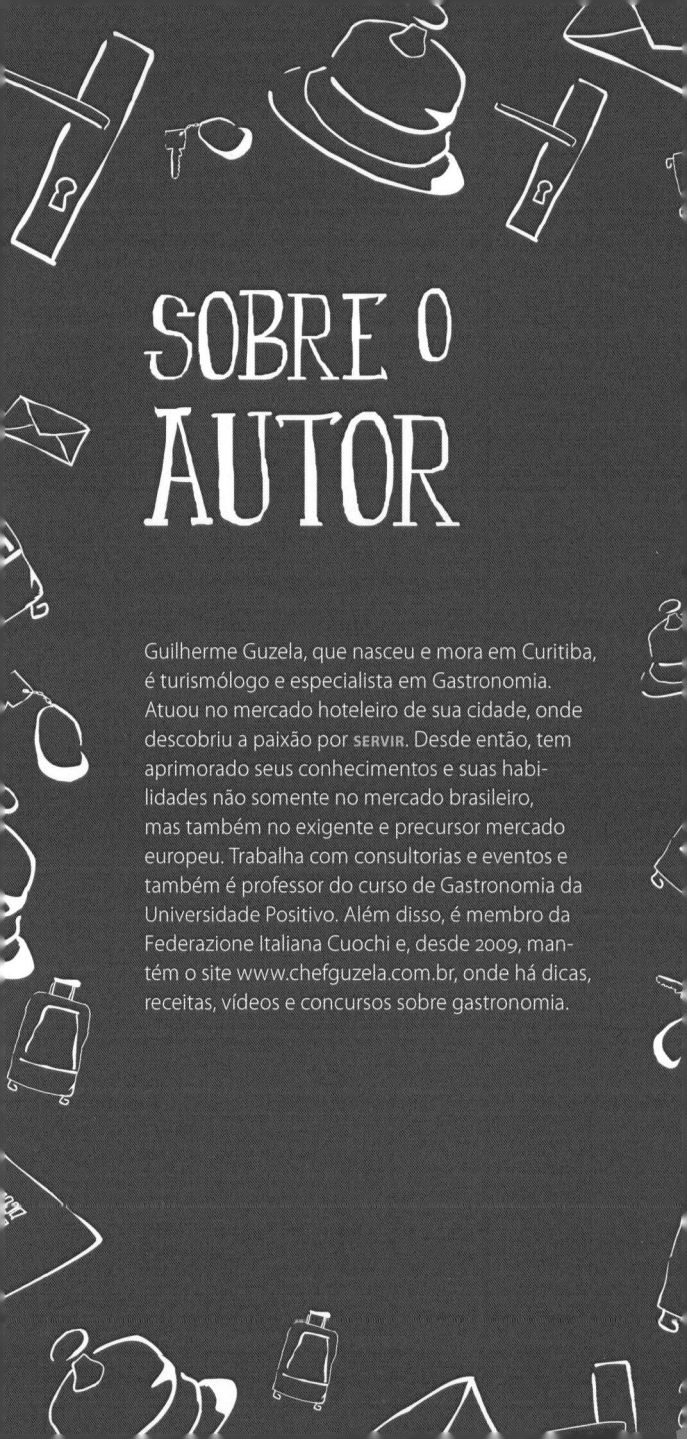

Guilherme Guzela, que nasceu e mora em Curitiba, é turismólogo e especialista em Gastronomia. Atuou no mercado hoteleiro de sua cidade, onde descobriu a paixão por SERVIR. Desde então, tem aprimorado seus conhecimentos e suas habilidades não somente no mercado brasileiro, mas também no exigente e precursor mercado europeu. Trabalha com consultorias e eventos e também é professor do curso de Gastronomia da Universidade Positivo. Além disso, é membro da Federazione Italiana Cuochi e, desde 2009, mantém o site www.chefguzela.com.br, onde há dicas, receitas, vídeos e concursos sobre gastronomia.

Av. Vicente Machado, 317 . 14º andar
Centro . CEP 80420-010 . Curitiba . PR . Brasil
Fone.: (41) 2103-7306
www.editoraintersaberes.com.br
editora@editoraintersaberes.com.br

EDITORA intersaberes

CONSELHO EDITORIAL
Dr. Ivo José Both (presidente)
Drª. Elena Godoy
Dr. Nelson Luís Dias
Dr. Ulf Gregor Baranow

EDITOR-CHEFE
Lindsay Azambuja

EDITOR-ASSISTENTE
Ariadne Nunes Wenger

EDITOR DE ARTE
Raphael Bernadelli

PREPARAÇÃO DE ORIGINAIS
Raphael Moroz

REVISÃO DE TEXTO
Priscilla Cesar

CAPA
Stefany Conduta Wrublevski

PROJETO GRÁFICO
João Leviski Alves
Stefany Conduta Wrublevski

DIAGRAMAÇÃO
João Leviski Alves

ICONOGRAFIA
Danielle Scholtz

ILUSTRAÇÃO
Adriano Pinheiro (mascote)
João Leviski Alves (demais ilustrações)

FOTOGRAFIAS
Thinkstock

Dados Internacionais de Catalogação na Publicação (CIP)
Index Consultoria em Informação e Serviços Ltda. Curitiba - PR

Guzela, Guilherme
  Excelência em recepção de hotéis / Guilherme Guzela. — Curitiba : InterSaberes, 2012.

  Bibliografia.
  ISBN 978-85-8212-044-6

  1. Hotéis – Administração 2. Indústria da hospitalidade I. Título.

  12-07760   CDD-647.94068

Índices para catálogo sistemático:
1. Hotéis : Recepção : Hotelaria   647.94068
2. Recepção hoteleira : Hotelaria   647.94068

1ª EDIÇÃO, 2012.
Foi feito o depósito legal.

Informamos que é de inteira responsabilidade do autor a emissão de conceitos.
Nenhuma parte desta publicação poderá ser reproduzida por qualquer meio ou forma sem a prévia autorização da Editora InterSaberes.
A violação dos direitos autorais é crime estabelecido na Lei Nº 9.610/1998 e punido pelo art. 184 do Código Penal.

Impressão: Reproset
Junho/2017